Das Eigenbild
im Recht.

Von

Dr. J. Kohler,
ord. Professor an der Universität Berlin.

BERLIN 1903.
J. Guttentag, Verlagsbuchhandlung,
G. m. b. H.

Vorwort.

Im hiesigen Anwaltverein hielt ich gegen Ende 1902 einen Vortrag, den ich, weiter ausgearbeitet und mit Anlagen versehen, hiermit dem Leser unterbreite.

Das Recht am Eigenbild beschäftigt die Rechtsforschung in der alten wie in der neuen Welt, und auch die alte Welt wird neu in solchen Problemen, die an den Grundvesten unseres Rechtslebens rühren; wie wir hoffen, wird sich hier eine frische schöpferische Kraft der Rechtspflege entfalten.

Denn die Gestaltungskraft der Jurisprudenz ist mit dem BGB, wie wir hoffen, nicht erloschen, sie wird vielmehr einen kräftigen Aufschwung nehmen. Die sog. alte Welt wird zeigen, daß sie die neue zu überflügeln vermag.

Berlin 1903.

J. Kohler.

§. 1.

Man sollte es für kaum glaublich halten, dass das erste und heiligste Recht, das Recht an der Persönlichkeit, bis in die neuere Zeit der Anerkennung der Wissenschaft des bürgerlichen Rechts entbehrte. Dies ist nur zu erklären bei dem Mangel an wahrer systembildender Kraft, welcher in dem ehemaligen Zivilrecht zu erkennen ist. Man war völlig abhängig von den römischen Einflüssen, und wo diese versagten, da galt es als eine Art von Überhebung, ein Recht und ein Rechtsverhältnis annehmen zu wollen. Und weil die Römer in solchen Fällen, wo das Persönlichkeitsrecht verletzt wurde, einfach Verpflichtungen aus unrechter Tat annahmen, so glaubte man hier nicht tiefer greifen zu dürfen; und die weitere Erörterung, wo hier das Unrecht liege, liess man beiseite, wie dies schon die Römer getan.

Derartige Zeiten sind vorüber, und die Frage, welches der Gegenstand des Rechts ist, wenn eine unerlaubte Tat sich als Verletzung irgend eines Rechts oder einer rechtsähnlichen Beziehung darstellt, ist unumgänglich: die §§. 823 und 826 B.G.B. sind in vollem Fluss.

An dem Persönlichkeitsrecht selber aber zweifeln wenige mehr, und die scholastische Skepsis, als könne es an der eigenen Persönlichkeit kein Recht geben, weil es hier am Gegenstand des Rechts fehle, weil hier Subjekt und Objekt in eins zusammenfielen, kann uns nicht mehr rühren; denn jeder weiss, wie zwei Seelen in unserer Brust wohnen und wie man in jedem Augenblick seinem eigenen Ich als Subjekt gegenübertritt: hierin eben liegt ja die Eigenheit des Selbstbewusstseins; und der Augenblick, wo diese Entgegensetzung sich beim Kinde bemerklich macht und dieses sein Ich erkennt, ist eine der wichtigsten Stufen in der Entwickelung des Einzelwesens. Der konstruierende Jurist gehört aber doch sicher zu denen, welche die Entwicklung aus der Zeit der Kindheit schon längst mitgemacht haben: er sollte daher nicht mehr die Doppelstellung des eigenen Wesens im Recht verneinen. Und ist die Doppelstellung so, dass mein Ich das eigene Ich erkennt und lenkt, so kann diese Spaltung auch im Recht eintreten: das Subjekt-Ich ist genügend als Rechtssubjekt, wie das Objekt-Ich als Rechtsobjekt.[1])

Viel schwieriger aber ist die Frage über die Ausdehnung dieses Persönlichkeitsrechts; sie ist so schwierig, wie alle Fragen des Nachbarrechts es sind; denn hier handelt es sich immer nicht um ein absolutes „entweder oder" sondern um eine Abwägung von „mehr und weniger", und wo dies der Fall ist, ist die Jurisprudenz, namentlich als praktische Jurisprudenz, besonders heikel. Sicher ist, dass auch das Persönlichkeitsrecht nur mit vielen Begrenzungen existieren kann: niemand kann in den Verkehr treten, ohne dass es Zusammenstösse und Einwirkungen gibt, und andererseits kann sich niemand dem Verkehr entziehen. Ebenso wie im Bereich des Sachenrechts, sind im Bereich des Personenrechts Grenzen festzustellen, und an den Grenzen dieses Bereichs hat sich ein jeder Einwirkungen gefallen zu lassen. Das beruht eben darauf, dass die menschlichen Verhältnisse auf soziale Entwickelung, nicht auf Isoliertheit angelegt sind, und darum ist jede Konstruktion eines Rechts, welches dieses aus dem Strome des Verkehrs herauszieht und gleichsam zu einem medizinischen Präparate erstarren lässt, verkehrt und unjuristisch.

Ein jeder muss es ertragen, dass man über ihn spricht; und tritt er in irgend einer Weise an die Öffentlichkeit, sei es durch Gewerbe, Beruf, Amt, literarische Leistung, sei es durch Zeugnisabgabe im Prozess, so muss er sich eine öffentliche Kritik in den Grenzen kritischer Erörterungen gefallen lassen. Empfindlichkeit hat im Recht keine Stelle; das haben sehr zutreffend amerikanische Gerichte ausgesprochen; eine

---

[1]) Unzutreffendes und Gezwungenes, ja völlig Abwegiges bringt namentlich Ravà, Diritti sulla propria persona, in der Rivista italiana XXXII. p. 86 f. Was er dafür setzt (z. B. p. 126 f.), sind konstruktiv unhaltbare Dinge.

mimosenhafte Natur passt nicht für den gesunden Rechtsverkehr und darf diesem nicht zu Grunde gelegt werden.

Von einem Recht des Verborgenbleibens in dem Sinne, wie es einige amerikanische Schriftsteller lehrten, von einem right of privacy, kann keine Rede sein.[1])

Darum kann aber auch ein Recht am eigenen Bild in derart, wie es von Keyssner u. a. behauptet wird, nicht anerkannt werden. Hiermit stosse ich auf eine Frage, die neuerlich vielfach erörtert wurde und die auch auf dem letzten Juristentag zur Sprache kam, aber ohne dass irgend ein Ergebnis erzielt wurde.[2])

Hier hat vor allen Dingen eine unselige Verwechslung irregeführt, die auch sonst unheilvoll war, die Verwechslung zwischen dem Persönlichkeits- und dem Immaterial- (Urheber) rechte. Diese Verwechslung ist die chronische Krankheit der Lehre. Man hat sehr richtig verfahren wollen, indem man im Urheberrecht beide völlig verschiedene Dinge zusammenschweisste, und manche, wie z. B. Beseler, haben einfach angenommen, dass, was der Laie zusammenerschaut, eben zusammengehöre; als ob es nicht eine juristische Analyse gäbe, die das Verschiedenartige aus dem äusserlichen Schein herausfindet und als ob nicht erst mit dieser Analyse die wissenschaftliche Rechtsbehandlung begänne. Darum war die ganze Darstellung des Urheberrechts bei Beseler und anderen jener Zeit keine wissenschaftliche.

Allüberall trifft man derartige Verstösse; insbesondere ist beim Recht an Briefen kein Irrgang häufiger, als der, dass

---

[1]) Hierüber vergl. Adams in der North American Review Sept. 1902 p. 361, Edward im Central Law Journal Vol. 55, p. 127.

[2]) Ueber diese Frage vergl. auch meine Artikel im Tag vom 29. Juli und 5. Sept. 1902. Im übrigen enthalten die Ausführungen Keyssners, Das Recht am eigenen Bild (Berlin 1896) und in den Verhandlungen des XXVI. Juristentages, B. I, S. 72 f., sehr viel Richtiges und Bemerkenswertes. Von sonstigen Darstellungen seien noch erwähnt: Cohn, Neue Rechtsgüter (1902), Th. Olshausen, Das Recht am eigenen Bild (in Gruchots Beiträgen 46 S. 492), Vaunois, La libertè du portrait (1894), Bigeon, la photographie et le droit p. 152f. (neue Ausgabe 1893). Ich verweise ausserdem auf meine Arbeit über das Autorrecht in den Jahrb. für Dogmatik XVIII (1880) S. 251 f., 258 f. und meinen Aufsatz im Arch. f. bürgerl. Recht X. (1895) S. 274.

man Briefe ohne weiteres als Autorsachen behandelt und sie einfach autorrechtlich und nur autorrechtlich schützen will. Ein paar Zeilen an eine Maitresse über ein Stelldichein, ein Brief an einen Gläubiger, den man um Stundung bittet, — welch wundervolle Gegenstände des Autorrechts! Und doch kann an der Nichtveröffentlichung solcher Briefe das Wohl und Wehe und die ganze Zukunft eines Mannes und einer Familie liegen.[1]) Andererseits, wenn man solche Briefe von der Veröffentlichung zurückhält, soll dies bis zu 30 Jahren nach dem Tode geschehen? Soll der Biograph nicht etwa 5 Jahre nach dem Tode mit solchen Briefen frei schalten und walten dürfen, nachdem die Persönlichkeit bereits in den objektiven Schatten der Geschichte eingetreten ist?

Auch unser neues Autorgesetz, nicht das beste, sondern eines der misslungensten deutschen Gesetze der neueren Zeit, leidet an solchen Verwechslungen. Was soll man dazu sagen, dass sein §. 11 es als Fall der Autorverletzung behandelt, wenn jemand von einem noch nicht veröffentlichten Werke eines andern den wesentlichen Inhalt vorträgt? Besteht denn am Inhalt eines wissenschaftlichen Werkes je ein Autorrecht? Ist das Autorrecht ein anderes vor und nach der Veröffentlichung? Nein, — aber vor der Veröffentlichung besteht noch ein Persönlichkeitsrecht, ein gewisses Recht des Geheimnisses, vergleichbar dem Schutz des Geschäftsgeheimnisses.

§. 2.

Ebenso beruht es auf einer völligen Verwechslung, wenn man sagt, am eigenen Bild habe man so viel Recht, wie an einem Bild, das man gezeichnet oder gemalt habe. Was ich geschaffen habe, habe ich in die Welt gebracht, und ich kann darum verlangen, dass es mir vorbehalten bleibt; denn ich entziehe dadurch der Menschheit nichts, was sie bereits hatte. Habe ich aber meine eigene Gestalt geschaffen? Bin ich der Urheber meines körperlichen Ichs? meiner Erscheinung? Das könnte man höchstens etwa von einer Dame behaupten, die so viel an sich herumgeziert hat, dass von ihrer ursprünglichen Person überhaupt nicht mehr viel ersichtlich ist.

[1]) Vgl. Autorrecht S. 143f., Recht an Briefen S. 17f.

Allein auch hier wird es schwerlich angehen, ein solches Schönheitsprodukt als Urheberschöpfung zu bezeichnen: ein Zierat kann zwar das Musterrecht geniessen, die gezierte Person aber nicht den Urheber- oder Kunstwerkschutz; denn trotz aller Zutaten soll ihr Ganzes doch als eine leibhaftige Person erscheinen; und als Autorgut kann niemals eine Naturschöpfung gelten, ein Mensch ebensowenig, wie ein Wald oder ein Blumenbeet.

Also eine autorrechtliche Befugnis am eigenen Bild hat man nicht, ebensowenig wie jemand, der ein altbewährtes Kunstwerk oder eine Handschrift besitzt, darum ein Autorrecht beanspruchen könnte. Dies zeigt sich auch in folgendem: Hätte man ein dem Urheberrecht entsprechendes Recht, so bestünde es nicht nur am Ganzen, sondern auch an einzelnen Teilen; es bestünde auch, ohne Rücksicht auf die Beziehung des Bildes zur Person. Nun ist es aber unzweifelhaft, dass ein Mediziner irgend eine körperliche Anomalie eines Menschen wiedergeben darf, wenn nur dabei verschwiegen wird, von wem diese Körperlichkeit genommen ist: nur diese Beziehung kann die Wiedergabe als widerrechtlich erscheinen lassen. Die Quelle des Rechts am Bilde kann daher nur in der Persönlichkeit liegen, und man kann nur sagen: die Wiedergabe des eigenen Bildes ist unstatthaft, wenn sie in das berechtigte Bereich der Persönlichkeit eingreift, wenn sie mehr eingreift, als es durch die oben angeführten Rücksichten des Nachbarrechts gestattet ist; und hier kommt die obige Norm in Betracht, dass die Rechtsordnung keine Mimosen brauchen und nicht auf Mimosen Rücksicht nehmen kann.

Allerdings gibt es Personen, die selbst die anständigste Wiedergabe ihres Bildes unter allen Umständen scheuen und denen gar ein Konterfei in einer öffentlichen Zeitschrift Bedrängnis verursacht — *habeant sibi.* Hierauf ist ebensowenig Rücksicht zu nehmen, als wenn der Morgenländer sich vor seinem Bilde scheut, weil es seiner religiösen Vorstellung widerspricht oder weil er glaubt, ein solches Bild bedeute seinen baldigen Tod.

Nur dann ist der Eingriff in das Bereich der Person unberechtigt, wenn er nicht durch Rücksichten des Nachbarrechts, und insbesondere nicht durch die Zwecke und Ziele des das

Nachbarrecht regierenden Verkehrs gerechtfertigt ist. Nun ist es aber sicher: die Menschheit hat ein Interesse daran, solche Persönlichkeiten, die irgendwie hervortreten und ins Gespräch kommen, im Bilde zu sehen. Schon anderwärts habe ich hervorgehoben, dass die Menschheit mit Recht verlangen kann, dass das Volk nicht mit blossen X's und Y's zu rechnen hat, dass es sich eine deutliche Vorstellung von den Persönlichkeiten machen kann, welche den Staat beherrschen oder die Geschichte beeinflussen oder die Wissenschaft oder Technik gestalten oder durch irgend ein Ereignis plötzlich an die Oberfläche getrieben worden sind; wobei es ganz gleichgültig ist, ob ein derartiges Öffentlichwerden der Person ihrem Wunsche entspricht oder nicht. Dieses Interesse der Bevölkerung muss man befriedigen: es ist gut und vernünftig, dass die Bevölkerung an solchen Dingen ein Interesse hat und nicht stumpf und teilnahmslos die Geschicke der Welt an sich vorüberziehen lässt. Eine Rechtswissenschaft aber, welche diesem Verlangen widerspräche, würde wider Willen Stumpfsinn und Theilnahmslosigkeit fördern, und dies ist nicht die Aufgabe des Rechts.

§. 3.

Darin liegt aber auch die Grenze: die Veröffentlichungsbefugnis besteht, wenn eine solche ehrliche, redliche Anforderung des Publikums zu erfüllen ist. Wo dies nicht der Fall, wo die Veröffentlichung des Bildes keinen vernünftigen sozialen Zweck hat und nur zum Skandal und zur persönlichen Kränkung dienen kann, da ist sie ausgeschlossen. Personen, die weder mit noch ohne ihren Willen öffentlich auftreten, sollen darum in der Regel von der Öffentlichkeit des Bildes verschont bleiben. So zum Beispiel, wenn man etwa aus Rachelust das Bild einer mehr als nötig beleibten Dame in die Blätter bringen, oder eine Reihe von Mädchen portraitieren wollte, um Nasenstudien zu geben, oder um zu zeigen, wie Geheimratstöchter aussehen.

Und auch bei öffentlichen Personen darf die Bekanntmachung nur insoweit erfolgen, als sie den Zweck erstrebt, dem Volke eine Vorstellung von der menschheitsbedeutsamen Wirksamkeit des Mannes zu geben: auch diese Personen kommen mitunter in die Lage, wo sie ein Recht haben auf die vier mageren Wände, oder wo sie nur vom Blau des Himmels betrachtet sein wollen. Niemand ist berechtigt, jemanden im Bad oder im Ankleidezimmer für die Öffentlichkeit zu portraitieren; und auch wer sonst in einer korrekten oder inkorrekten genierlichen Situation sich befindet, muss gegen den Kodak geschützt sein.[1]) Die Veröffentlichung ist also nur innerhalb des berechtigten Zwecks erlaubt. Es wäre unstatthaft, etwa einen Redner des Reichstags im Kostüm eines Akrobaten oder eine Dame des Wohltätigkeitszirkels im Kostüm einer Balleteuse zu veröffentlichen. So wurde es in Frankreich verboten, als ein Maler Alexander Dumas als Händler im Bazar ausstellte.[2])

Man hat behauptet, solches ergebe sich schon aus dem Rechte der Injurie, weil in diesen Fällen der Verdacht entstehe, als sei die Persönlichkeit mit dieser Preisgebung ihres Bildes einverstanden gewesen. Aber der Photograph kann bei der Veröffentlichung ausdrücklich erklären, dass er der Person das Bild gegen ihren Willen mit Schwierigkeit abgejagt habe, so dass die Person völlig unschuldig erscheint; und nichtsdestoweniger muss die Veröffentlichung verboten sein.[3])

Zu den geheimen Situationen gehört auch die hehre Stille des Todes, sofern die Leiche nicht auf das Paradebett gestellt wird. Dies habe ich s. Z. bei Gelegenheit der bekannten Bismarckphotographie genügend entwickelt (Autor- und industrierechtliche Abhand. II. S. 57.) Es bedarf nicht noch einmal des Nachweises, dass, so richtig die Entscheidung des Reichsgerichts, welche s. Z. den Photographen

---

[1]) Man vergl. über die Photographie in Seebädern und ihre Missbräuche Bigeon, la photographie et le droit p. 166f.

[2]) Seinetrib. 20. Juni 1884, Bigeon p. 153. Vgl. auch den Fall Dombrowski in meinem Autorrecht S. 130f.

[3]) Man vergl. Entsch. des Rg. 29. Novb. 1898 unten S. 82.

Das Rg. war natürlich an die tatsächliche Würdigung des Untergerichts gebunden. War aber die Sache so, wie in der Revision behauptet wurde, dass die Dame im Bade mit einer Gruppe abgebildet erschien, in der Art, dass das unbefangene Gruppenbild den Gedanken an eine abgekartete, mit der Dame verabredete Bildaufnahme ausschloss, dann war die Auffassung, als ob die Dame an der Veröffentlichung des Bildes beteiligt sei, von selbst widerlegt.

die Veröffentlichung verboten und die Vernichtung der Platten angeordnet hat, als Entscheidung ist,[1]) so gänzlich verkehrt die Begründung, welche alles nur auf den Hausfriedensbruch stellen will, kraft dessen die Täter zur Leiche gelangt waren. Dies ist unzutreffend: ein derartiger Bruch des Hausfriedens zieht nicht auch dasjenige in das Bereich des Unrechts, was mit seiner Hilfe erreicht worden ist. Und niemand kann dem entgegenhalten, das Reichsgericht habe nicht nur einen Hausfriedensbruch durch Eindringen in das Gemach, sondern auch einen Hausfriedensbruch durch Photographie der Leiche angenommen und daher beruhe die Photographie unmittelbar, nicht bloss mittelbar auf dem Vergehen. Das wäre eben völlig unrichtig; denn, wenn man durch den Hausfriedensbruch eingedrungen ist, so ist dasjenige, was man in der Wohnung tut, nicht wieder Hausfriedensbruch und nicht etwa Fortsetzung des Hausfriedensbruchs: die Fortsetzung kann im Verweilen liegen, nicht aber in der Tätigkeit, welche mit dem Verweilen verbunden ist; wer kraft Hausfriedensbruchs in eine Wohnung eingedrungen ist, begeht nicht dadurch einen neuen Hausfriedensbruch, dass er etwa dort Bilder ansieht und sich darüber Notizen macht.

Mit Hausfriedensbruch ist also nichts zu machen; die Entscheidung kann nur auf Verletzung des Persönlichkeitsrechts gebaut werden, und hierbei kommt nicht in Betracht, ob diese durch Hausfriedensbruch vermittelt worden ist, oder nicht; höchstens dass hierdurch die Zuwiderhandlung gegen den Willen der berechtigten Person und damit eine der Voraussetzungen des Persönlichkeitsanspruchs ausser Zweifel gesetzt wird.

Man kann für das Recht auf Photographie des Totenbildes auch nicht geltend machen, das Publikum habe ein Interesse daran zu wissen, wie der tote Bismarck aussah. Dies ist kein berechtigtes, kein durch das Interesse an der Wirksamkeit des Mannes gerechtfertigtes Interesse. Ebenso wie die Wirksamkeit eines Mannes, an der Schwelle des Todes erlischt, ebenso das Recht des Publikums. Es mag ja poetisch sein, sich als Hamlet zu denken, der den Schädel eines Heroen mit den Worten betrachtet:

[1]) RG. 28. Dezb. 1899 unten S. 28 f.

Imperious Cesar, dead and turn'd to clay
Might stop a hole to keep the wind away.
O that that earth which kept the world in awe,
Should patch a wall to expel the winter's flaw;

allein dies sind keine Interessen an der Wirksamkeit eines Mannes, sondern allgemein menschliche, welt- und zeitgeschichtliche Betrachtungen, denen das Persönlichkeitsrecht keine Zugeständnisse zu machen braucht.

Mit Recht hat darum auch die französische Praxis mehrfach die Veröffentlichung von Bildern von Personen auf dem Sterbebett verboten; so die Entscheidungen des Seinetrib. bei Bigeon p. 163 f.

Dass man in den genannten Fällen der Persönlichkeitsverletzung überall mit dem Beleidigungsgedanken nicht auskommt, und dieser nicht genügt, die Person zu schützen, ist einleuchtend. Andere Fälle stehen dem Injuriengedanken näher; so wenn eine Person in einer solchen Verbindung photographiert wird, dass eine scheele, beleidigende Beziehung entsteht; so z. B. wenn man etwa einen Börsen- oder Trustmann inmitten von Räubern wiedergeben wollte, oder etwa einen Geistlichen als Schächer am Kreuz. Aber es können auch feinere Dinge vorkommen, und auch hier sind die Imponderabilien des Lebens zu beachten. Es kann Fälle geben, wo zwar an sich keine Beleidigung vorliegt, aber doch eine bedenkliche Ideenassoziation erregt wird, geeignet, einen Schatten auf die Person zu werfen. So wird es zwar gestattet sein, eine bekannte Persönlichkeit auf eine Ware zu setzen, denn das ist eine Huldigung der Industrie gegenüber der persönlichen Grösse, die ebenso berechtigt ist, wie eine sonstige Huldigung durch Veröffentlichung des Bildes; es ist ganz gerechtfertigt, dass auf solche Weise ein Wohltäter der Menschheit dem Volke täglich und stündlich nahegelegt wird. Aber schon etwas anderes läge vor, wenn es sich nicht um eine Ware für einen redlichen Gebrauch, sondern um zweideutige Dinge handelte, oder wenn man etwa das Bild einer Persönlichkeit auf einem Bandwurmmittel oder einer abführenden Mixtur anbrächte. Ebenso darf die Person in ihren körperlichen Eigenheiten nicht für die wilde Reklame benutzt werden. Wenn man z. B. den Kopf einer Person zur

Anpreisung eines Haarbalsams verwenden wollte, sei es nun einen Kahlkopf oder einen mit üppigem Haupthaar, oder wenn man den Kopf einer Frau mit bekanntem blonden Haar zur Anpreisung eines Haarfärbemittels auf die Schachtel setzte, so wäre dies nicht nur eine grobe Unglimpflichkeit, sondern auch eine schwere Verletzung der Person. Die Reklame ist ja nichts Unerlaubtes, aber sie begibt sich doch auf eine niedrigere Sphäre des Lebens, wohin ihr die Person nicht zu folgen braucht.[1])

Ganz besonders muss das Bild der Frau in dieser Beziehung geschont werden, denn das Weib verlangt nach seiner Bestimmung als intimeres Geschlechtswesen eine grössere Zurückhaltung. So wäre es gewiss unstatthaft, das Bild einer Dame auf eine Schachtel mit männlichen Hemdkrägen anzubringen oder auf eine Wachs-Streichholzbüchse, was alles zu bedenklichen Ideenassociationen Anlass gibt, die das Weib zwar nicht verbieten kann, aber bezüglich deren es verlangen kann, dass sie nicht durch besondere öffentliche Veranstaltungen erregt werden. Ebenso wäre es ein schlimmes Unrecht, etwa das Bild einer beleibten Dame auf eine Umhüllung von Mehl oder anderen substantiellen Nahrungsmitteln zu setzen; und es ist gewiss zu verwundern, dass das New Yorker Appellgericht in der Sache Robertson gegen Rochester Folding Box Co. so gröblich gegen die Erfordernisse einer gesunden Rechtsprechung verstossen hat; wobei aber zu bemerken ist, dass nicht nur die zwei vorhergehenden Instanzen anders entschieden hatten, sondern auch das Urteil ein Mehrheitsurteil war, indem von 7 Richtern 4 dafür, 3 dagegen stimmten, und das Votum der Minderheit war ganz besonders zutreffend begründet.[2])

§ 4.

Drei Fälle gibt es allerdings, wo gewisse Ansprüche des Persönlichkeitsrechts mehr oder minder aufhören.

Den einen Fall erkennen selbst die Vertreter des Rechts am eignen Bilde an: wenn sich nämlich eine Person in einer öffentlichen Menge befindet, die zur bildlichen Darstellung kommt, oder als Staffage in einer Landschaft oder in einem Städte-

[1]) Vgl. Landgericht Berlin 21. Februar 1902 unten S. 38f.

[2]) Urteil und Minderheitsvotum folgt in der Anlage S. 46f., 57f.

bild; hier muss die Persönlichkeit zurücktreten hinter der Anforderung des Gesamtbildes. Denn solch Gesamtbild herzustellen ist ein soziales Bedürfnis, dem sich der einzelne fügen muss, der zudem bei der untergeordneten Rolle, die er in der Gesamtdarstellung spielt, wenig in Betracht kommen kann. Vergl. in dieser Beziehung auch Appelhof Paris, 8. Juli 1887 bei Bigeon p. 155f., 157: il ne saurait en être de même de celles (sc. photographies) qui la représentent dans un groupe . . . et n'ont point par suite . . . de caractère personnel suffisamment précisé . . . . Immerhin muss auch hier eine gewisse Diskretion walten, und es ist nicht gestattet, eine Gruppe badender Damen als Staffage einer Strandlandschaft in der Art wiederzugeben, dass einzelne Personen kenntlich sind.

Der zweite Fall ist der des künstlerischen Studienbildes. Der Künstler entnimmt seine Motive der Aussenwelt, und er darf es tun. Das Studium des Menschen ist für ihn das Studium des Einzelmenschen, und zwar nicht nur das Studium des berühmten Mannes, sondern auch des Menschen aus dem Volke. Die Veröffentlichung eines solchen Studienkopfes aber muss sich jeder gefallen lassen, sofern er eben nur als Studienkopf und nicht in anderer Weise veröffentlicht wird; denn die Kunst muss sein, und sie kann ohne die freie Benutzung des Menschenmaterials nicht bestehen. Das hat allerdings insofern einige Beschränkung: die Studie darf sich zwar auch auf den sonstigen Körper der Person beziehen, sie darf aber die Person nur in der Weise wiedergeben, wie sie in der Mitwelt erscheint: der Künstler darf sehr wohl den Bauer in Hemdärmeln und den Bettler in Lumpen zeigen; wenn ihn aber die nackten Formen reizen, so darf er sich deswegen eine modellmässige Darstellung nicht erlauben; denn auch was Studienzwecke betrifft, kann der gewöhnliche Mann mindestens die gleiche Rücksicht verlangen, welche sonst der öffentliche Mann beanspruchen kann; und wenn der Künstler ein Aktmodell will, so soll er sich einer Persönlichkeit bedienen, die sich dazu hergibt; und deren gibt es ja genug. Keine Dame brauchte es sich gefallen lassen, als eine der Jungfrauen mit Karl V. nackt in Antwerpen einzuziehen oder als Nixe im Spiel der Wellen zu tändeln.

Ein dritter Fall ist der Welthumor; nur wem dieses Sensorium gebricht, der kann sich gegen die Darstellung öffentlicher Personen in humoristischer Weise erheben und die Karrikatur verbieten wollen. Ausgeschlossen ist natürlich, dass eine solche Karrikatur auf irgend ein unehrenhaftes oder zweideutiges Handeln hinweist, z. B. auf Bestechlichkeit oder Rechtsbeugung; im übrigen aber ist nichts dagegen zu sagen, wenn ein humoristisches Bild den Reichskanzler im Bade oder den Finanzminister mit einem Klingelbeutel darstellt. Wenn uns die Weltgeschichte selbst in erhabener Ironie erscheint, wie soll sich der einzelne wehren, der Hoheit des menschlichen Humors zu verfallen, der die Schrecken des Daseins auslöst und als Gnadengabe des Himmels uns mit allen Schlägen der Weltgeschichte versöhnt!

Dieses sind die drei Besonderheiten. Man hat noch eine weitere Ausnahme beifügen wollen, nämlich dass die Photographie im Dienste der Kriminalistik verwertet werden darf; doch dies gehört nicht hierher. Wir haben es hier nur mit Fällen eines unangetasteten Persönlichkeitsrechts zu tun, nicht mit Fällen, in welchen im Interesse der Strafverfolgung das Persönlichkeitsrechts gemindert ist. Dass man im Fall solcher Minderung Personen unbedingt photographieren und die Bilder verbreiten darf, ist ebenso zu beurteilen, wie dass man die Personen verhaften oder ihre Briefe beschlagnahmen darf. Es ist daher ein systemwidriger Irrgang, diesen Fall mit unter denjenigen aufzuzählen, wo die Norm des unangetasteten Persönlichkeitsrechts zur Gestattung der Bildveröffentlichung führt; es ist ein Fall der Personenrechtsminderung aus Gründen des Rechtsganges oder der polizeilichen Fürsorge, ebenso wie etwa der Personenrechtseingriff, der dahin zielt, die Bertillonschen Messungen zu erzwingen. Ein solcher Eingriff unterliegt den Gesetzen, welchen diese Gebiete angehören, und dies können auch Landesgesetze sein.[1])

Schwer ist es also, das Persönlichkeitsrecht abzugrenzen; aber deswegen die Realität des Rechtes selbst bestreiten zu wollen, wäre gegen alle Regeln unserer Wissenschaft; denn unsere Wissenschaft ist schwierig und kann ohne

[1]) Vergl. bezügl. der Bertillonschen Messungen R.G. v. 2. Juni 1899 Entsch. Strafs. XXXII S. 199, welches sich hierfür auf §. 10 Preufs. L.R. II. 17 beruft.

schwierige praktische Probleme nicht existieren. In sehr vielen Fällen kann die Rechstechnik gar nicht so weit gebracht werden, dass alles in begriffliche Formen eingefügt wird; nicht selten handelt es sich um Intensitätsgrade, bei denen mehr das Gefühl als der Verstand besagt, welches die richtige Mischung und Sättigung ist. In solchen zweifelhaften Fällen den Rechtsschutz versagen, weil den Richter eine schwierige Aufgabe überkommt, ist ebenso wie wenn die Medizin Krankheiten nicht heilen wollte, weil die Heilung schwierig ist! Nicht wir machen die Schwierigkeiten, sondern das Leben mit seinen Problemen!

Immerhin aber würde ich eine Fassung in der Art vorschlagen: die öffentliche Wiedergabe des menschlichen Bildes ist verboten, wenn sie in gesellschaftswidriger, kränkender oder herabsetzender Weise erfolgt.

§. 5.

Bisher ist von der Veröffentlichung des Bildes die Rede gewesen. Ein Eingriff kann aber auch in einer Verwendung des Bildes in privatem Zirkel zu unlauteren Zwecken geschehen. Gegen diese Verwendung ist an sich das Recht machtlos, denn in das private Leben darf ebensowenig das Persönlichkeits- als das Immaterialrecht eingreifen; man darf niemanden verfolgen, der das Bild jemandes in seiner Wohnung in ungehöriger Weise behandelt, ebensowenig wie man jemanden verfolgen darf, der in seiner Wohnung die patentierte Erfindung oder das autorgeschützte Werk eines anderen für sich ausbeutet. Eine Ausnahme könnte man allerdings annehmen, wenn sich die Handlungsweise als Beleidigung darstellt; aber auch die Beleidigung macht an dem häuslichen Kreise der handelnden Person Halt.[1]) Wohl aber kann jeder sich dagegen wehren, dass sein Eigenbild ihm zu diesem Zwecke abgedrungen wird. Wer jemandes Bild in seiner Wohnung in höhnischer Weise behandelt, gegen den schreitet die Rechtsordnung nicht ein; wohl aber gegen den, der jemanden auf der Strasse photographiert, um das Bild zu solchen Zwecken zu verwenden. Ist es mir gestattet eine patentierte Erfindung eines andern im häus-

[1]) Goltd. Archiv. 47 S. 19 f.

lichen Kreise zu benutzen, so ist es mir nicht gestattet, eine geheim gehaltene Erfindung unter Erhaschung des Geheimnisses mir zu verschaffen, um sie in häuslichem Kreise zu verwenden. Tue ich das, so kann mir die Benutzung der auf solche Weise erlangten Erfindung verboten werden; ebenso in unserem Fall die Verwendung des auf diese Weise erlangten Bildes.

Ein Fall der privaten Verwendung eines Bildes liegt namentlich dann vor, wenn es von einem Detektiv benutzt wird, um den Porträtierten durch Leute des Detektivbureaus bewachen zu lassen. Ein solcher Gebrauch ist ein an sich nicht unerlaubter Gebrauch und man kann gegen eine derartige Benutzung eines bereits vorhandenen Bildes einer Person rechtlich nichts einwenden und kein Verbot ergehen lassen. Anders, wenn das Bild zu diesem Zweck dem Porträtierten wider Willen gleichsam abgejagt worden ist: Hier kann die Benutzung des Bildes zu Detektivzwecken verboten werden, ebenso wie es verboten werden kann, einen Brief zu Detektivzwecken zu verwenden, den man jemanden in bewusstloser Trunkenheit hat schreiben lassen.

Von diesem Fall handelt eine unten (S. 33) wiederzugebende Entscheidung des Oberlandesgerichts Hamburg vom 20. November 1900, die nur eben, weil sie das Persönlichkeitsrecht nicht anerkennt, in der Begründung etwas herumirrlichterliert und die ganze Sache auf die Beleidigung hinausspielen will. Allein dies deckt den Kern der Frage nicht. Der Umgang eines Mannes mit irgend welcher Person kann für jemanden von so grossem Interesse sein, dass er den Weg der Detektivauskundschaftung wählt, und doch kann der Verdacht eines solchen Umganges nichts weniger als beleidigend sein; und auch wenn etwa jemand, der eine Liebschaft mit einer Dame einzugehen im Begriff ist, sich vorher durch einen Detektiv verlässigen will, ob die Dame nicht in irgend einem sonstigen Verhältnisse steht, so beleidigt er die Dame nicht; und doch kann sie es sich verbitten, dass sie zu dem Zwecke „abgekodakt“ wird, um durch Detektive beobachtet zu werden. Auch der Unterschied zwischen einer völlig schuldlosen und einer nicht mehr integren oder gar des Ehebruchs schwer verdächtigen Frauensperson ist verkehrt; dies auch schon darum, weil, wenn gegen jemanden Beweismaterial vorliegt, er noch lange nicht schuldig ist: der Verdacht kann gross, die Person aber ganz integer und unschuldig sein. Zu solchen unrichtigen Ergebnissen gelangt eine an sich richtige Entscheidung aber stets, wenn sie von unrichtigen Gründen ausgeht, die in dem einen Fall die Entscheidung decken, aber sofort versagen, wo ein ähnlicher Fall vorliegt, der dieselbe Entscheidung verlangt, aber wegen des verschiedenen tatsächlichen Verhalts sich der Begründung des ersten Falles entzieht.

§. 6.

Bisher ist vom Eigenbild als Bild gesprochen worden. Das Eigenbild kann auch als Theatermaske dienen; in diesem Fall ist es unzulässig. Die Theaterdarstellung ähnelt zwar der Bildnisdarstellung in der Identifikation, allein die Identifikation kommt in der Form des wirklichen Lebens zum Ausdruck: der Mann spielt (regelmässig) als Mann, die Frau als Frau; der Formkraft des Bildes steht eine ungeheuere reale Kraft der Personendarstellung gegenüber, wobei die Person nicht ihre stummen Züge zeigt, sondern spricht und handelt. Eine derartige Behandlung der Persönlichkeit verletzt die Rücksichten, welche die Person, auch die öffentliche, verlangen kann: sie ist als unzulässig anzusehen; sie ist es, solange die Person lebt. Der Tote steht, wie der Geschichte, so der dramatischen Darstellung frei; wenigstens sobald einige Zeit verstrichen ist, die man der diskreten Trauer zu widmen hat, wovon unten (S. 26f.) zu sprechen ist.

§. 7.

Der Anspruch des Persönlichkeitsrechts ist, wie der Anspruch des dinglichen und Immaterialgüterrechts, ein „negatorischer"; er geht dahin, dass der widerrechtliche Gebrauch unterbleibt; er ist begründet, wenn bereits ein solcher widerrechtlicher Gebrauch stattgefunden hat; er ist aber auch schon begründet, wenn erst die Vorbereitungen getroffen worden sind, welche einen solchen widerrechtlichen Gebrauch einleiten. Dies entspricht völlig den Grundsätzen, welche das Bürgerliche Gesetzbuch in §. 907 für den Eigentumsanspruch bestimmt: der Eigentümer kann, wenn der Nachbar auf seinem

Grundstück Anstalten herstellt, von denen mit Sicherheit eine unzulässige Einwirkung zu erwarten ist, verlangen, dass die Anlage unterbleibt oder ihren Betrieb einstellt. Ebenso wie daher der Eigentümer verlangen kann, dass eine Maschine nicht tätig wird, welche in unzulässiger Weise seinen Boden erschüttert, ebenso kann der Träger des Eigenbildes verlangen, dass die unberechtigt zu unberechtigten Zwecken aufgenommenen Negatives nicht benutzt, ja dass sie zerstört oder doch betätigungslos gemacht werden. Dass bereits eine verbotene Verbreitung oder Verwendung stattgefunden hat, wird nicht verlangt.[1])

§. 8.

Man hat das Persönlichkeitsrecht entbehren zu können vermeint, indem man einfach den Satz aufstellte, es sei unstatthaft, gegen die guten Sitten zu handeln; wobei man sich auf den §. 826 des Bürgerlichen Gesetzbuchs, den Satz von den guten Sitten und der Schadensersatzpflicht bei einem Verstoss gegen die guten Sitten bezog. Indes ist es offensichtlich, dass dies nicht ausreicht und keine brauchbare rechtliche Handhabe für die Konstruktion und die Behandlung des einzelnen Falles gibt. Man könnte sonst das ganze Recht in das Verbot des Verstosses gegen die guten Sitten auflösen, insbesondere auch das Eigentum; indem es ja sicher auch ein starker Verstoss gegen die guten Sitten ist, wenn jemand dem andern seinen Geldbeutel aus der Tasche nimmt, ebenso wie es ein mächtiger Verstoss derart ist, wenn jemand seine Schulden nicht bezahlt oder die hinterlegte Sache nicht zurückgibt; schliesslich könnte man das ganze Bürgerliche Gesetzbuch in den Satz zusammenfassen: es ist verboten, gegen die guten Sitten zu handeln, — und das Studium des bürgerlichen Rechts wäre in einer Viertelstunde beendigt.

In der Tat kann die Berufung auf die guten Sitten nur dann aufkommen, wenn es sich um einen Verstoss gegen eine durch die Sitte geheiligte Ordnung handelt, die, unabhängig von der Willkür des Einzelnen, unabhängig von der Verfügung des Einzelwesens, in sozialer Erhabenheit dem

---

[1]) Vergl. bezüglich des Patentrechts mein Handbuch S. 544.

Einzelnen entgegentritt. So ist es ein Verstoss gegen die guten Sitten, wenn etwa Veranstaltungen getroffen werden, eine historische Wahrheit zu fälschen und der Welt einen Trug anzuhängen, wenn man also gegen die Lauterkeit der Geschichtsforschung vorgehen will; wenn etwa jemand gefälschte Briefe veröffentlicht und dadurch kostspielige Untersuchungen zum Aufdecken der Fälschungen nötig macht: wer dies tut, ist verpflichtet den Aufwand zu ersetzen, der einem andern dadurch entstanden ist, dass er die Fälschung zur Enthüllung brachte; denn eine geschichtliche Fälschung zu enthüllen ist Recht und Pflicht, und die dazu notwendigen Aufwendungen sind ein zu ersetzender Schaden. Ebenso wenn jemand etwa ein unsittliches Bild aufstellen würde, und es Kosten machte, dieses Bild zu entfernen. In diesen Fällen wird kein Recht verletzt, es wird gegen die guten Sitten gehandelt; und aus diesen Handlungen gegen die guten Sitten ergibt sich ein Schadensersatzanspruch im Sinne des §. 826 B.G.B.

Im übrigen bedarf der Satz von den guten Sitten einer sehr diskreten Anwendung; er darf nicht dahin ausgedehnt werden, dass jemand schadensersatzpflichtig wird, wenn er das Moralgebot der Menschenliebe nicht erfüllt, z. B. jemanden nicht rettet, den er retten könnte, jemanden nicht unterstützt, der infolgedessen zu Grunde geht. Man kann nicht sagen, dass ein derartiges Unterlassen gegen die guten Sitten verstösst, denn die guten Sitten geben einem jeden in Bezug auf Taten der Menschenhilfe die volle Freiheit, namentlich in der Auswahl und in der Würdigung des Bedürfnisses; wenn jemand daher hart ist und die Unterstützungsbedürftigkeit wenig oder gar nicht als gegeben erachtet, so mag man ihn schelten, aber die guten Sitten verletzt er nicht. Wie man sieht, ist das Gebiet der guten Sitten durchaus nicht so einfach und selbstverständlich, sondern schon nach dieser Richtung bedarf es einer eingehenden Beobachtung und wissenschaftlichen Entwickelung. Es ist völlig unrichtig, wenn man die guten Sitten wie einen Reiserucksack benutzt, in den man alles, was man hat, unterschiedslos hineinwirft. Das würde zu ausserordentlichen Irrgängen, zu einer völligen Vermischung von Recht und Moral, zu unhaltbaren Eingriffen in die Eigenwillenssphäre führen.

Sodann aber ist die ganze Kategorie der guten Sitten dann unbrauchbar, wenn es sich um Verletzung eines von der Willkür abhängigen Eigenrechts handelt; allerdings kann auch eine Verletzung des Rechts gegen die guten Sitten verstossen, allein dann verletzt das Tun nur deshalb die guten Sitten, weil es gegen das Recht verstösst und weil die guten Sitten wollen, dass das Recht nicht gröblich mit Füssen getreten wird. Daher schweigen die guten Sitten vollkommen, wenn der Berechtigte auf sein Recht verzichtet, wenn er etwas duldet, was er nicht zu dulden braucht. Wenn eine Tänzerin gestattet, dass sie in leichter Tanztoilette abgebildet wird, dann ist gegen die Abbildung nichts zu sagen, mindestens nicht, solange sich nicht die Sittenpolizei hineinmischt; würde man aber eine Dame gegen ihren Willen auf solche Weise preisgeben, so wäre es ein Unrecht, gegen das die Rechtsordnung einschritte. Gestatten die Hinterbliebenen die Photographie der Leiche, so hat die Rechtsordnung nichts dawider, während sie sich aufbäumt, wenn jemand das Bild der Leiche ohne Einwilligung aufnimmt und zu veröffentlichen trachtet. Für die guten Sitten steht an sich der eine Fall dem andern gleich; nur dadurch nimmt die Sache eine andere Wendung an, dass der Verfügungsberechtigte das eine Mal verfügt, das andere Mal nicht, dass er das eine Mal aus dem Persönlichkeitsrecht heraus die Befugnis gibt, das andere Mal sie verweigert: das Recht oder Unrecht des Handelnden hängt von Betätigungen des Berechtigten ab, welche dem Fremden den Zutritt in seine Kreise erlauben oder versagen. Dasselbe Tun kann also je nach Gestattung oder Nichtgestattung berechtigt sein oder nicht: und je nach dem entspricht oder widerspricht es den guten Sitten: es widerspricht den guten Sitten, wenn es gegen das Recht verstösst, es widerspricht den guten Sitten mittelbar, sofern ein Zuwiderhandeln gegen das Recht auch den guten Sitten zuwider ist. Will man hier die Entscheidung mit den guten Sitten in Verbindung setzen und sagen: weil in solchem Fall das Recht verletzt ist, so ist damit auch die gute Sitte verletzt, so mag man es tun; man bringt aber damit nichts, was zur Aufklärung der Sache dient; die Entscheidung jedes einzelnen Falles muss nach den Grundsätzen erfolgen, die für das Recht gelten; das Recht ist das Massgebende, die gute

Sitte ist nur das Folgeweise. Es ist ebenso, wie wenn man die Eigentumsverletzung deshalb verurteilen wollte, weil sie den guten Sitten widerspricht.

Nur wenn, wie in den obigen zwei Fällen, kein subjektives Recht in Frage steht und doch die Rechtsordnung eingreift, dann kommt der Sittenparagraph zur wirklichen, juristisch bedeutungsvollen Geltung.[1])

Was aber jene Gestattung betrifft, welche den Eingriff erlaubt, so ist sie eine Gestattung des Persönlichkeitsrechts, die den Eigenheiten des Persönlichkeitsrechts folgt; daher ist sie

1. einschränkend auszulegen: sie darf nicht über ihr Gebiet hinaus erstreckt werden, vgl. den Fall Lesseps, Seinetrib. 4. April 1884 bei Bigeon p. 161;
2. sie kann, ebenso wie irgend eine Gestattung über die Persönlichkeit und das, was mit der Persönlichkeit geschehen soll, jederzeit zurückgezogen werden, und zwar ohne alles weitere, wenn sie einseitig erfolgte, wenn vertragsmässig, dann mit der Verpflichtung der Erstattung des negativen Vertragsinteresses; welcher Erstattungsanspruch aber kein Zurückbehaltungsrecht gibt, da die Zurückbehaltung nur im Vermögens-, nicht im Persönlichkeitsrecht erlaubt ist (vergl. §. 175 BGB). So hat beispielsweite eine Frau, die dem Photographen eine kostümlose Photographie erlaubt hat, das Recht, die Erlaubnis zurückzuziehen, wenn sie etwa einen anderen Lebenswandel annimmt.[2])

§. 9.

Man möchte noch auf den §. 7 des Photographiegesetzes v. 10. Januar 1876 verweisen, wo es heisst, dass bei photographischen Eigenbildern (Portraits) das Recht auch ohne Vertrag von selbst auf den Besteller übergehe, — nämlich das

---

[1]) Auch in den Fällen des unlauteren Wettbewerbes, an die man allerdings bei §. 826 B.G.B. in erster Reihe denken mag, liegt eine Verletzung des Persönlichkeitsrechts und erst „per consequentiam“ eine Verletzung der guten Sitten vor; so wenigstens in den Hauptfällen, bei trügerischer Reklame, Missbrauch der Namensgleichheit, bei Anschwärzung und bei Verletzung des Geheimnisrechts.

[2]) Vgl. Bigeon p. 158 f. und die hier cit. Entsch. des Appelh. Paris 25. Mai 1867 (auch bei Sirey 68 II p. 41).

dem Photographen aus der Photographie entstehende Recht. Diese Bestimmung ist allerdings aus dem Gedanken des Persönlichkeitsrechts entsprungen, aber sie bietet diesem Persönlichkeitsrecht nur eine geringe Handhabe. Der innere Gedanke ist, wie ich anderwärts ausführte der, dass in solchem Fall der Photograph als Vertreter des Bestellers handelt, so dass das photographische Urheberrecht sofort dem Besteller erworben wird.[1]) Dieser Gedanke aber wird zu dem Zwecke aufgestellt, um womöglich den Besteller zu schützen, und der Besteller wird meist auch der Porträtierte sein. Allerdings ist der Schutz der porträtierten Person aus diesem Rechtssatz nur ein dürftiger; denn

1. sie erlangt nur das photographische Urheberrecht, welches ihr höchstens einen Schutz auf 5 Jahre gibt.
2. Sie erlangt es nur unter der Voraussetzung, dass der Photograph die Bestimmungen des Gesetzes erfüllt und auf der Photographie seinen Namen und Wohnort und das Kalenderjahr des ersten Erscheinens angibt (bezw., wie aus §. 6 zu ergänzen ist, wenn die Photographie nicht „erscheint", das Kalenderjahr, in dem das Negativ entstanden ist). Fehlt es an diesen Erfordernissen, so wird überhaupt kein photographischer Urheberschutz erworben, mithin auch keiner für den Abgebildeten.
3. Der Schutz steht nicht notwendig dem Abgebildeten zu, sondern dem Besteller; und ist auch der Besteller gewöhnlich mit dem Abgebildeten die gleiche Person, so ist dies nicht notwendig der Fall: der Besteller kann möglicherweise ein Todfeind des Abgebildeten sein, wenn er etwa ein Augenblicksbild desselben bei dem Lichtbildner bestellt; der Besteller kann auch ein Freund, ein Liebhaber sein.

Dass der §. 7 des Gesetzes keinen einigermassen ausreichenden Persönlichkeitsschutz bietet, ist hiernach an sich klar; vergl. auch die Entscheidungen S. 40, 44. Er bietet einiges, aber nichts, was ein Persönlichkeitsrecht entbehrlich machte.

In neuerer Zeit hat man in Gesetzen und Entwürfen der Sache näher zu kommen versucht; indes ist bis jetzt noch

---

[1]) Arch. f. bürg. Recht X S. 274f.

nichts geleistet worden, was irgendwie den Anforderungen des Lebens entsprechen könnte.

Die Fassung, die ich vorschlage, ist oben (S. 17) gegeben. Ein Entwurf eines Photographiegesetzes, der im Juli 1902 veröffentlicht wurde, besagte folgendes:

§. 14. „Photographische Bildnisse (Porträts) dürfen nur mit Einwilligung des Abgebildeten verbreitet oder öffentlich zur Schau gestellt werden. Nach dem Tode des Abgebildeten bedarf es bis zum Ablauf von zehn Jahren der Einwilligung des überlebenden Ehegatten, der Eltern und der Kinder des Abgebildeten. Diese Vorschrift findet keine Anwendung auf solche Bilder, deren Zweck nicht in der Darstellung einzelner Personen besteht, insbesondere auf die Wiedergabe von Landschaften, von Versammlungen, Aufzügen und ähnlichen Vorgängen."

Eine solche Gesetzesbestimmung würden wir für unrichtig und den Lebenserfordernissen widersprechend halten. Dies ergibt sich aus dem obigen; ich habe die Gründe dagegen s. Z. im Tag v. 29. Juli 1902, No. 349, zusammengefasst und insbesondere erklärt, dass ich es für unzutreffend hielte, wenn das Recht am eignen Bild in urheberrechtartiger Weise gestaltet und der Presse die Befugnis genommen würde, die Personen des Tages dem Volke zum konkreten Verständnis zu bringen oder in die Heiterkeit des souveränen Humors einzubeziehen. Die Gründe sind in dem obigen weiter entwickelt.

Auch in den Vereinigten Staaten sind neuerdings verschiedene Versuche gemacht worden, eine dem Leben entsprechende gesetzliche Fassung zu erzielen. Vor 4 Jahren wollte man in New York eine anti-cartoon bill gegen die Karikaturen erlassen, welche aber mit Recht gescheitert ist. Dagegen ging im Jahre 1900 in New York ein Gesetz durch, mit folgendem Inhalt: Es sei nicht gestattet, Briefe, Papiere und ähnliches zu veröffentlichen, was bei einer Person entdeckt wird, die sich selbst getötet, oder die man tot gefunden hat.

Was man in New York vergeblich erstrebte, eine anticartoon bill, ist im Jahre 1899 in Californien durchgegangen: Es ist dort verboten in Zeitungen und Zeitschriften das Porträt einer californischen Person ohne ihre Zustimmung zu bringen, ausser wenn die Person ein öffentliches Amt im Staate bekleidet oder — — wenn es sich um einen verurteilten Verbrecher handelt (!). Auch dürfe man keine Karikatur machen, welche auf Ehre, Lauterkeit, Tapferkeit, Unbescholtenheit, Ansehen, geschäftliches Gebahren, politische Beweggründe der Person einen Schatten würfe, oder die Person dem Hass, Gespött oder der Verachtung preisgäbe; die Strafe hierfür sei 100—500 Dollars und 1—6 Monate Gefängnis.[1])

Dass diese Bestimmungen den richtigen Treffpunkt verfehlen, bedarf keiner Ausführung: sie sind Gelegenheitsgesetze und haben alle Schwächen dieser.

Unsere obige Fassung aber ist nicht eine Fassung, die aus einer erregten Empfindung, es ist eine Fassung, die aus ruhiger Betrachtung und Würdigung der Sachlage hervorgeht; sie dürfte den Stand bezeichnen, den unsere Wissenschaft bis jetzt erreicht hat.

§. 10.

Dass das Persönlichkeitsrecht an sich mit dem Tode erlischt, dass aber ein Rest übrig bleibt, der von den Erben auszuüben ist, oder, wenn der Erblasser zu diesem Zwecke einen Testamentsvollstrecker aufgestellt hat, durch diesen, habe ich bereits anderwärts so eingehend dargetan, dass ich darauf verweisen kann.[2]) Dass dieser Rest nicht ewig fortdauern kann, versteht sich von selbst. Man könnte hier in der Art helfen, dass man, wie bei der üblen Nachrede, die Geltendmachung des Persönlichkeitsrechts auf gewisse Erben beschränkte, deren Lebensdauer höchstens noch etliche Jahrzehnte währen kann (Autorrecht S. 280). Allein dies passt hier nicht; auch unterliegt die Bestimmung des §. 189 R.-St.-G.-B., welche die Rechte der Person an die Zufälligkeit des Überlebens gewisser Hinterbliebener knüpft, gewichtigen Bedenken, die ich anderwärts zur Geltung gebracht habe (Archiv f. Strafrecht 47 S. 149). Vielmehr ist ein Bedürfnis vor-

---

[1]) Ich entnehme die 8 Gesetze dem Aufsatze von Adams, Law of privacy, in der North Amerikan Review, September 1902. Das kalifornische Gesetz folgt in der Anlage S. 66.

[2]) Industrierechtl. Abh. II S. 57 f. Vgl. neuerdings auch Grüttefien im Berliner Tagebl., Jurist. Rundschau, v. 3. Januar 1903.

handen, dieses überlebende Persönlichkeitsrecht des Verstorbenen auf eine kleine Reihe von Jahren zu beschränken, bis die Person in die objektive Ruhe geschichtlicher Betrachtung eingekehrt ist. Dies ist namentlich, was das Recht an Briefen betrifft, von der grössten Bedeutung (Autorrecht S. 279 f.); denn es muss eine Zeit geben, wo die Veröffentlichung aller Briefe der geschichtlichen Forschung offensteht, und diese Zeit muss sicher kürzer sein, als die autorrechtliche Frist von 30 Jahren nach dem Tode; auch 10 Jahre (wie die verfehlte Bestimmung des Photographiegesetzes will) sind viel zu lange; ich halte die uralte Frist von 5 Jahren, die 5 Jahre, die das römische Recht als die äusserste Frist kannte, um den Rechtstand des Toten zu bekämpfen oder seine letztwillige Verfügung (mit Querel) anzufechten, für genügend, aber auch notwendig, fr. 1 pr., fr. 2 §. 2, fr. 3 ne de statu defunct., fr. 8 §. 17, fr. 9 de inoff. test.: beide römische Bestimmungen beruhen bereits auf dem Gedanken, dass nach 5 Jahren die Persönlichkeit in die geschichtliche Vergangenheit eingetreten ist und darum als Persönlichkeit nicht mehr gefasst werden kann: sie ist jetzt ein Blatt der Geschichte, das der geschichtlichen Erörterung unterliegt und der Erörterung des Rechtes entzogen ist. Nach 5 Jahren sollten die nicht literarischen Briefe, nach 5 Jahren sollte das Bild des Verstorbenen frei sein, nach 5 Jahren sollte es gestattet sein, die Person auf die Bühne zur Vorstellung zu bringen. Mit einer solchen Bestimmung wäre den wichtigsten Interessen abgeholfen, und die unerträgliche Unsicherheit, die bis jetzt besteht, wäre gehoben.

Anlagen.

I.

Reichsgericht vom 28. Dezember 1899.[1])

Tatbestand:

Durch das am 20. Februar 1899 verkündete Urteil der sechsten Zivilkammer des Landgerichtes zu Hamburg waren die beiden ursprünglichen Beklagten solidarisch verurteilt worden, darein zu willigen, dass die Negative, Platten, Plattenabzüge, überhaupt sämtliche Reproduktionen oder von ihnen aufgenommene Photographien der Leiche des Fürsten Otto von Bismarck und alles, was dazu gehöre, durch einen von den Klägern zu bestimmenden Gerichtsvollzieher vernichtet werden, und war den Beklagten verboten worden bis zur erfolgten Vernichtung die Negative, Platten, Plattenabzüge oder sonstige Reproduktionen der genannten Photographie in irgend einer Weise zum Zwecke der Verbreitung der Photographieaufnahme zu benutzen und diese Aufnahme in irgend welcher Form zu verbreiten, oder die Verbreitung andern zu ermöglichen, bei einer Haftstrafe von sechs Monaten für jeden Fall der Zuwiderhandlung; dabei waren die Beklagten solidarisch zur Tragung der Kosten des Verfahrens verurteilt. Die hiergegen von den Beklagten erhobene Berufung ist am 5. Juni 1899 vom vierten Zivilsenate des Hanseatischen Oberlandesgerichtes als unbegründet verworfen worden, unter Verurteilung der Beklagten in die Instanzkosten. Darauf haben die Beklagten ordnungsmässig Revision eingelegt. Nach Zustellung der Revisionsschrift ist über das Vermögen des Beklagten P. der Konkurs eröffnet, und der Buchhalter H. zum Konkursverwalter bestellt worden. Die Kläger haben das Verfahren gegen diesen durch Zustellung eines Schriftsatzes aufgenommen. Im Verhandlungstermine bestätigte der Rechtsanwalt Dr. J. als Vertreter des Beklagten P. und des Konkursverwalters H., indem er die Bestallung des letzteren vorlegte, die Konkurseröffnung und die Ernennung des Konkursverwalters und erklärte im Namen des letzteren, dass dieser den Klageanspruch nicht anerkenne, jedoch den Eintritt in den Prozess in erster Reihe ablehne, dass derselbe indessen für den Fall, dass nach Ansicht des Gerichtes

[1]) Die Urteile der vorigen Instanzen sind in meinen Industrierechtl. Abhandl. II. S. 61 f. (samt dem reichsgerichtlichen) wiedergegeben.

auf Grund dieser Erklärung die Konkursmasse von Prozesskosten nicht frei bleiben würde, dennoch in den Prozess eintreten wolle. Der Vorsitzende eröffnete ihm sodann, dass, insofern der Konkursverwalter den Klageanspruch nicht anerkenne, der Prozess gegen die Konkursmasse jedenfalls seinen Fortgang nehmen werde. Darauf erklärte der Rechtsanwalt Dr. J., dass er nunmehr auch für den P.schen Konkursverwalter an der Verhandlung der Sache teilnehmen wolle, und trug im Namen beider nunmehriger Beklagter darauf an, das angefochtene Urteil aufzuheben, und unter Verurteilung der Revisionsbeklagten in die Prozesskosten dem von den Beklagten in der Berufungsinstanz gestellten Antrage gemäss zu erkennen (d. h. das Urteil erster Instanz aufzuheben und die Kläger mit der erhobenen Klage abzuweisen). Die Kläger stellten den Gegenantrag, die Revision zurückzuweisen und den Revisionsklägern die Kosten der Revisionsinstanz aufzuerlegen.

Entscheidungsgründe.

1. Was den Einfluss des über das Vermögen des Beklagten P. eröffneten Konkurses auf den vorliegenden Rechtsstreit anlangt, so kann es keinem Zweifel unterliegen, dass dadurch das Verfahren nach §. 218 der Zivilprozessordnung mindestens in Ansehung dieses Beklagten unterbrochen war; denn es betraf seine Konkursmasse, da die den Streitgegenstand bildenden Negative, Platten u. s. w. zum Vermögen der beiden Beklagten gehören und einen nicht unerheblichen Wert darstellen. Ob und wie die Unterbrechung auch dem anderen Beklagten gegenüber wirkte, das bedarf hier keiner Erörterung, da die Aufnahme des Verfahrens stattgefunden hat, ehe in dieser Beziehung irgend eine Schwierigkeit hervorgetreten ist. Die Aufnahme ist aber mit Recht von den Klägern nach Massgabe des §. 9 der Konkursordnung bewirkt worden. Zwar handelt es sich hier um einen Fall ganz besonderer Art, die bei Formulierung der Konkursordnung keine ausdrückliche Berücksichtigung gefunden hat; notwendig muss aber der hier erhobene Anspruch wie ein Aussonderungsanspruch behandelt werden. Dass es sich hier nicht um eine Konkursforderung handelt, liegt auf der Hand; denn der erhobene Anspruch könnte seiner Natur nach unmöglich anteilsweise befriedigt werden, da auch §. 62 der Konkursordnung, betreffend die Abschätzung in Reichswährung, auf ihn nicht Anwendung finden kann; er hat eben für die Kläger überhaupt keinen Vermögenswert sondern nur idealen Wert. Ausserdem könnte höchstens noch in Frage kommen, ob der streitige Anspruch als Masseschuld zu erachten sein möchte, in welchem Falle übrigens ebenmässig §. 9 der Konkursordnung zur Anwendung kommen müsste. Aber von den in §. 52 daselbst aufgeführten Fällen der Masseschulden ist hier keiner gegeben. In Ansehung der Ziffern 1 und 2 ist dies ohne weiteres klar; allein auch ein Anspruch aus einer rechtlosen Bereicherung der Masse (Ziffer 3 a. a. O.) steht hier nicht in Frage. Denn darunter sind in §. 52 der Konkursordnung nur Ansprüche aus solchen rechtlosen Bereicherungen verstanden, die

der Masse selbst unmittelbar zugeflossen sind; aus einer rechtlosen Bereicherung, die, wie im vorliegenden Falle, schon beim Gemeinschuldner eingetreten sein würde, könnte nur eine Konkursforderung entstanden sein; vergl. Kohler, Lehrbuch des Konkursrechts, §. 63, S. 382 f., und Seuffert, Deutsches Konkursprozessrecht, §. 40, S. 246. Bei §. 9 der Konkursordnung kann es sich in Beziehung auf Masseschulden immer nur um Fälle des §. 52 No. 2 (Ansprüche aus zweiseitigen Verträgen des Gemeinschuldners) handeln, deren hier eben keiner vorliegt. Nun steht freilich der Wortlaut des Gesetzes anscheinend auch der Annahme eines Aussonderungsanspruches entgegen, denn nach §. 35 der Konkursordnung setzt ein solcher voraus, dass der betreffende Gegenstand dem Gemeinschuldner nicht gehöre, und das scheint hier nicht zuzutreffen. Allein wenn auch die körperlichen Sachen, die äusserlich den Gegenstand des Streites bilden, im Eigentum der Beklagten stehen, so bilden den eigentlichen Streitgegenstand auch nicht diese in ihrer Körperlichkeit, sondern das auf ihnen fixierte Bild bezw. die Möglichkeit, dieses zu vervielfältigen; von diesem Bilde und dieser Möglichkeit behaupten die Kläger, dass die Beklagten sie widerrechtlich in ihre Gewalt gebracht haben, und dass sie in Wirklichkeit nicht zum Vermögen der Beklagten gehören, gerade wie wenn die letzteren sich körperliche Sachen der Kläger rechtswidrig angeeignet hätten. Daher erscheint es gerechtfertigt, den Klageanspruch wie einen Aussonderungsanspruch zu behandeln und den §. 9 der Konkursordnung zur Anwendung zu bringen. Somit musste auch der Konkursverwalter in dieser seiner Eigenschaft den Prozess als Mitbeklagter neben W. übernehmen, da er den Klageanspruch nicht anerkennen wollte.

II. In der Sache selbst konnten, was zunächst die örtliche Bestimmung des massgebenden Rechtes betrifft, nur das in Hamburg und das in Friedrichsruh geltende Recht in Frage kommen. Da nun weder die Hamburger Statuten, noch der im preussischen Kreise Herzogtum Lauenburg geltende Sachsenspiegel, noch sonst ein hierher gehöriges Partikulargesetz hier einschlagende Normen enthalten, so ist, abgesehen von etwa eingreifenden Reichsgesetzen, jedenfalls nur das gemeine deutsche Recht zur Anwendung zu bringen. Ob von diesem Standpunkte aus die Entscheidungsgründe des Berufungsgerichtes, bezw. etwa auch diejenigen des Landgerichtes zu billigen sein würden, kann dahingestellt bleiben. Das angefochtene Urteil würde jedenfalls aus den folgenden Gründen aufrecht zu halten sein.

Es ist mit dem natürlichen Rechtsgefühle unvereinbar, dass jemand das unangefochten behalte, was er durch eine widerrechtliche Handlung erlangt und dem durch dieselbe in seinen Rechten Verletzten entzogen hat. Hier nun handelt es sich darum, dass die beiden Beklagten mittelst eines Hausfriedensbruches gegen den Willen der Kläger in dasjenige Zimmer eingedrungen sind, in welchem diese die Leiche ihres Vaters, die sie in ihrem Gewahrsam hatten (vergl. §. 168, §. 367 No. 1 des Strafgesetzbuches), aufbewahrten, und damit das Hausrecht, das den Klägern seit dem Tode ihres Vaters in Ansehung dieses Zimmers zustand, verletzt und diese Gelegenheit benutzt haben, um eine photographische Aufnahme eines Teiles des Innern des Zimmers mit der darin ruhenden Leiche herzustellen. Solche photographische Aufnahme eines umfriedeten Raumes und folgeweise deren Veröffentlichung zu hindern hat der Inhaber des Hausrechtes an sich das Recht und die Macht, und diese Möglichkeit haben hier die Beklagten durch ihr rechtswidriges Tun den Klägern zunächst entzogen, indem sie gleichzeitig für sich die tatsächliche Verfügung über das in Frage stehende photographische Bild erlangt haben. Die Kläger haben den Beklagten gegenüber ein Recht darauf, dass dieses Ergebnis wieder rückgängig gemacht werde. Das römische Recht gewährt in l. 6 D. de cond. ob turp. c. 12,5 und l. 6 §. 5 l. 25 D. de act. rer. am. 25,2 dem durch eine Rechtswidrige Handlung Verletzten eine condictio ob injustam causam auf Wiedererstattung alles desjenigen, was tatsächlich durch jene Handlung aus seinem Machtbereiche in die Gewalt des Täters gelangt ist. Diese condictio ob injustam causam stellt sich dar als ein ergänzender Rechtsbehelf neben allen Deliktsklagen, soweit es sich nicht etwa um Schadensersatz, sondern um Restitution handelt. Dabei ist freilich zunächst nur an körperliche Sachen, die aus dem Vermögen des Beeinträchtigten herrühren, gedacht, sei es, dass das Eigentumsrecht an den Sachen, oder dass wenigstens der Besitz als durch widerrechtliche Entziehung verletzt erscheint (vergl. in der letzteren Beziehung l. 2 D. de cond. trit. 13, 3 l. 25 §. 1 D. de furt. 47, 2). Aber dies muss entsprechende Anwendung finden auf die widerrechtliche tatsächliche Entziehung anderer Machtbefugnisse und Aneignung der entsprechenden Vorteile. Geht man hiervon aus, so erscheint im gegenwärtigen Falle das von den Klägern gestellte und im angefochtenen Urteile als berechtigt anerkannte Verlangen, sich die Vernichtung der hergestellten photographischen Erzeugnisse gefallen zu lassen und sich bis dahin jeder Verbreitung der Abbildung zu enthalten, in der Tat als der zutreffende Klageantrag. Dabei kann der Umstand kein Hindernis sein, dass jene Vernichtung vielleicht nicht ohne Vernichtung den Beklagten gehörigen Materials wird ausgeführt werden können. In dieser Hinsicht hat das Oberlandesgericht mit Recht die Analogie des §. 19 Absatzes 1 des Reichsgesetzes zum Schutz der Waarenbezeichnungen vom 12. Mai 1894 herangezogen, nach welchem, wenn die Beseitigung der widerrechtlichen Kennzeichnung in anderer Weise nicht möglich ist auf Vernichtung der damit versehenen Gegenstände zu erkennen ist.

Hiernach war die Revision als unbegründet zurückzuweisen, und zugleich nach §. 92 Abs. 1 der Zivilprozessordnung auf Belastung der Beklagten mit den Instanzkosten zu erkennen.[1])

---

[1]) Eine Kritik habe ich in den erwähnten Industrierechtl. Abh. II S. 104 f. gegeben.

II.

Reichsgericht (II. Strafsenat) vom 29. November 1898.

D. 4098/98. VIII. 8145.[1])

Die Beleidigung des Fräulein G. Sch. durch die Angeklagten erblickt der Vorderrichter in dem „Ausstellen bezw. Feilhalten oder Verkaufen“ der inkriminierten Bilder, weil dadurch bei Dritten die Annahme hervorgerufen werde, die Dame habe sich freiwillig in einem so intimen, nicht für die Öffentlichkeit bestimmten Kostüm, wie es ein Badeanzug sei, photographieren lassen und sei damit einverstanden gewesen, dass die davon gefertigten Abbildungen öffentlich ausgestellt und feilgeboten würden, was ein bedenkliches Licht auf das Scham- und Sittlichkeitsgefühl der Dame werfen und sie in der Achtung bei anderen schwer schädigen würde. Damit ist eine Handlung der Angeklagten festgestellt, welche eine vorsätzliche, die Ehre des Fräulein Sch. verletzende rechtswidrige Kundgebung an andere enthielt und somit den Begriff der Beleidigung im Sinne des §. 185 des Strafgesetzbuchs erfüllte (vergl. Entscheidungen des Reichsgerichts Band 8, Seite 484 bis 485). Der Inhalt jener Kundgebung aber unterlag der tatsächlichen Beurteilung des Instanzgerichts, und nur gegen diese kämpft die Revision in unzulässiger Weise an, indem sie auszuführen sucht, es sei nicht abzusehen, weshalb der Anblick der Bilder bei Dritten die Annahme eines Einverständnisses des Fräulein Sch. mit ihrer Abbildung im Badekostüm hervorrufen müsse, zumal das Bild eine ganze Zahl anderer Frauen und Kinder enthalte, deren ungesuchte und unbeabsichtigte Stellung und Gruppierung im Damenbade zu Cranz ein freiwilliges Zusammentreten behufs Herstellung eines für die Öffentlichkeit bestimmten Gruppenbildes undenkbar erscheinen lasse. Dass das fragliche Bild noch andere Personen zur Darstellung bringe, geht aus den Urteilsgründen nicht hervor; in den getroffenen Feststellungen aber ist der Tatbestand der (öffentlichen) Beleidigung bedenkenfrei gegeben und die Begründung genügt den Anforderungen des massgebenden §. 266 Absatz 1 der Strafprozessordnung.

Die Verurteilung der Angeklagten als Mittäter ist darauf gestützt, dass nach „Annahme“ des Gerichts beide Eheleute nach einem gemeinschaftlichen Plan gehandelt und von vorneherein beabsichtigt haben, die von der Ehefrau zu bewirkende Aufnahme zu industriellen Zwecken zu verwerten, dass die Ehefrau in dieser Absicht die Aufnahme gemacht, der Ehemann aber sie in der angegebenen Weise zu seinen gewerblichen Zwecken verwertet und die fraglichen Gegenstände in seinem Laden ausgestellt und feilgehalten habe, wobei, wie das Gericht ferner annehme, die Ehefrau mittätig gewesen sei. Dass die erstere

---

1) Ich verdanke die Mitteilung dieses von Gareis, Verhandl. des 26. Juristentages 1902 I S. 6f. angeführten Urteils Herrn Oberreichsanwalt Olshausen.

wie letztere „Annahme" im Sinne einer tatsächlichen Feststellung gemeint ist, kann nach dem Zusammenhange nicht zweifelhaft sein; beide Annahmen aber stellen sich als Ausdruck der Überzeugung dar, welche das Gericht auf Grund des Gesamtergebnisses der Beweisaufnahme gemäss § 260 der Strafprozessordnung gewonnen hat. Die Beweistatsachen, deren Angabe das Gesetz übrigens nur instruktionell vorschreibt, sind dabei hinreichend bezeichnet und die darauf gestützten Feststellungen ergeben das Merkmal der gemeinschaftlichen Ausführung der Tat, so dass §. 47 des Strafgesetzbuchs mit Recht zur Anwendung gebracht ist.

III.

O.-L.-G. Hamburg v. 20. November 1900.[1])

Tatbestand:

Die Antragstellerin hat in ihrem Antrage auf Erlass einer einstweiligen Verfügung vorgebracht, dass die augenscheinlich von dritter Seite mit der Beobachtung der Antragstellerin beauftragten Antragsgegner sie schon lange durch zudringliche Beobachtungen belästigt hätten, dass der Antragsgegner K. sie am 30. Juni 1900 von ihrer Wohnung nach einem von ihr aufgesuchten Schuhwarengeschäfte verfolgt und bei ihrem Wiederherauskommen aus dem Geschäfte mittelst eines Taschenphotographen eine Aufnahme von ihr gemacht habe, worauf er schleunigst davongegangen sei, und dass beide Antragsgegner bei ihrem hinterlistigen rechtswidrigen Verfahren darauf ausgingen, die Photographie gegen Bezahlung an dritte Personen weiterzugeben, die sie zur Verfolgung ihrer Zwecke und zur Schädigung der Antragstellerin verwenden würden.

Der Vertreter der Antragsgegner bestritt, dass die photographische Aufnahme widerrechtlich gewesen sei. Im Geschäfte P.'s, der zur Zeit des fraglichen Vorfalles nicht in Hamburg gewesen sei, sei der Auftrag einer Ehefrau eingelaufen, auf ihren Mann, den sie im Verdacht eines unerlaubten Verkehrs habe, zu vigilieren. In dieser Veranlassung aber, ohne dass der Name der Antragstellerin ihm genannt sei, habe P.s angestellter R. den ihm unterstellten K. unter Überlassung seines Taschenapparates beauftragt, die Antragstellerin, welche dem P.'schen Geschäftslokale gegenüber wohne und sehr hübsch sei, zu beobachten und zu photographieren, was denn auch geschehen sei. R. sei dabei von der Ansicht ausgegangen, dass das Bild vielleicht doch für die Erledigung des dem Geschäfte gewordenen Auftrages dienlich sein könne. Das Bild sei abhanden gekommen und auch jetzt nicht mehr verwendbar.

Das L.-G. hat die von der Klägerin beantragte einstweilige Verfügung dahin erlassen:

1. Das Gerichtsvollzieheramt wird angewiesen, die Platte der von dem Antragsträger[2]) K. aufgenommenen Photographie der Antrag-

---

[1]) Hanseatische Gerichtszeitung, Beiblatt Zivilrechtliche Fälle XXII (1901) S. 25–28.

[2]) Antragsgegner?

stellerin nebst allem Zubehör als Plattenabzügen, Negativen, Vergrösserungen u. s. w. zu beschlagnahmen und an sich zu nehmen.

2. Die Antragsträger[1]) werden verpflichtet, die erwähnte Platte nebst allem Zubehör dem Gerichtsvollzieheramt herauszugeben.
3. Den Antragsträgern wird bei einer Strafe von 500 M. untersagt, die Platte nebst allem Zubehör in irgend einer Weise zum Zwecke der Weitergabe an dritte Personen zu benutzen und die bereits gewonnenen Abzüge in irgend einer Weise zu verbreiten oder zu verwerten.

Auf Widerspruch von P. und K. bestätigte Landgericht, Zivil-Kammer VII am 2. August 1900 die einstweilige Verfügung. Hiergegen wurde Berufung erhoben.

Der Vertreter der Antragstellerin entgegnete, dass die Verfügung mit Recht erlassen sei. Die Aufnahme und Verwendung des Bildes einer unbescholtenen jungen Dame für die Zwecke eines Ehescheidungsprozesses sei beleidigend. Da das Bild für das Geschäft P's. aufgenommen sei, richte sich die Verfügung mit Recht auch gegen ihn. Ein Vorgehen gegen R. werde vorbehalten.

Die Berufung der Antraggegner gegen diese einstweilige Verfügung wurde vom Oberlandesgericht III. am 20. November 1900 als unbegründet verworfen.

Gründe:

„Würde den Ausführungen Keyssner's in seiner Schrift über „Das Recht am eigenen Bilde“ zu folgen oder ein solches Recht auch nur in der Beschränkung anzuerkennen sein, in der Kohler (zu vgl. namentlich seine sich mit dem Falle der Photographie der Leiche des Fürsten Bismarck beschäftigende Abhandlung in der Zeitschrift „Gewerblicher Rechtsschutz und Urheberrecht“ 5. Jahrg., S. 196 ff.) dem Bestehen eines solchen Rechtes das Wort redet, so wäre damit ohne weiteres eine rechtliche Grundlage für den Anspruch der Antragstellerin gewonnen. So Beachtliches die Ausführungen der Genannten aber auch de lege ferenda enthalten mögen; gegenüber dem positiven Rechte, wie es in dem Reichsgesetze, betreffend den Schutz der Photographien u. s. w., vom 10. Januar 1876 und den Bestimmungen des B.-G.-B. vorliegt, erscheint es untunlich, ihre Theorien der Entscheidung zu Grunde zu legen. Trotz der in einzelnen Rechtsfällen hervorgetretenen Unzulänglichkeit des Schutzes der photographisch abgebildeten Person, die nicht Bestellerin des Bildes ist, ist, wie auch das Reichsgericht III. Strafsenat in dem beigebrachten Urteile gegen Geitel und Genossen vom 26. Mai 1900 hervorhebt, eine Erweiterung des Rechtsschutzes über die Bestimmung des §. 7 des Gesetzes hinaus nicht erfolgt. Bei der Entstehung des B. G.-B. lagen ferner die erwähnte Schrift Keyssners, wie die früheren Arbeiten Kohlers über das Persönlichkeitsrecht vor; auch Gierke in seinen Ausführungen über das Persönlichkeitsrecht „Deutsches Privatrecht“ §. 81, ist hier zu nennen. Der Gesetzgeber ist auf diesem Gebiete

[1]) Antragsgegner?

jedoch nicht weiter gegangen, als dass er im §. 12 des B.-G.-B. eine allgemeine Schutzbestimmung gegen unbefugte Anmassung eines Namens getroffen hat. Dem gegenüber erscheint es aber nicht angängig, den von der Antragstellerin geltend gemachten Anspruch auf ein allgemeines, neben dem kodifizierten Recht bestehendes Recht der Persönlichkeit zu stützen. Vielmehr kann nur in Frage kommen, ob der Anspruch sich auf Grund des B.-G.-B. rechtfertigen lässt.

Und dies war mit dem L.-G. auf Grund des Tatbestandes anzunehmen, von dem auch das L.-G. ausgegangen ist. Die behauptete und übrigens bis zum Beweise des Gegenteils anzunehmende Unbescholtenheit der Antragstellerin ist von den Berufsklägern in erster Instanz nicht bestritten. Ohne einen irgendwie gegründeten Anhalt dafür, dass sie in unerlaubtem Verkehr mit dem betreffenden Ehemanne stehe, hat nach dem erstinstanzlichen Vortrage der Berufungskläger, der Angestellte R., die Antragstellerin, „welche dem P.'schen Geschäftslokal gegenüber wohne und sehr hübsch sei", beobachten und durch den Berufungskläger K. photographieren lassen. Wenn R. dabei von der Ansicht ausgegangen sein soll, dass das Bild vielleicht für die Erledigung des dem Geschäfte gewordenen Auftrages dienlich sein könne, so kann dies nur heissen, dass die Photographie der Antragstellerin dazu dienen sollte, sie eventuell durch Vorzeigung des Bildes als eine Person zu rekognoszieren, die mit dem betreffenden Ehemanne einen unerlaubten Verkehr unterhalte. Dass dies die Absicht gewesen sei, wenn R. das Bild auch zunächst erst einmal selbst habe haben wollen, ist von den Berufungsklägern in der Berufungsverhandlung auch zugegeben.

Gegenüber ihren Zugeständnissen in erster Instanz können die Berufungskläger aber nicht ohne weiteres mit ihren in dieser Instanz neu aufgestellten, mit jenen Zugeständnissen unvereinbaren Behauptungen gehört werden, dass die Antragstellerin eine leichtsinnige Person sei, betreffs derer begründeter Verdacht vorliege, dass sie mit dem betreffenden Ehemann unerlaubt verkehre. Vielmehr hätten sie die Beweiskraft der früheren Zugeständnisse nur dadurch beseitigen können, dass sie die behaupteten neuen Tatsachen, von denen sie auch nicht etwa geltend machen, dass sie dieselben erst durch spätere Ermittelungen in Erfahrung gebracht haben, mit geeigneten Beweismitteln, wie im vorliegenden Verfahren allein zulässig ist, glaubhaft machten. Dies ist nicht geschehen.

Wäre die Antragstellerin eine liederliche Person oder läge gar Beweismaterial dafür vor, dass sie mit dem betreffenden Ehemanne verbotenen Umgang gepflogen hat, dann könnte sie allerdings nicht geltend machen, dass das Vorgehen gegen sie ihre Ehre verletzt habe. Andererseits muss dem L.-G. aber darin zugestimmt werden, dass es für ein unbeteiligtes, unbescholtenes junges Mädchen beleidigend ist, wenn sie durch Vorzeigung ihres Bildes zum Zwecke ihrer Rekognoszierung als des unerlaubten Verkehrs mit einem Manne verdächtig hingestellt wird. Sie wird dadurch, weil sie damit ohne gerechtfertigte Veranlassung in den Verdacht gebracht wird, auf ihre weibliche Ehre keinen Wert zu legen, in dieser ihrer weiblichen Ehre gekränkt.

Die Behauptung der Berufungskläger, dass die photographische Aufnahme misslungen und Bilder der Antragstellerin davon nicht herzustellen gewesen seien, kann ihnen, ohne dass sie die Behauptung durch Vorlegung der Platte oder auf andere Weise glaubhaft machen, nicht ohne weiteres geglaubt werden. Vielmehr spricht an sich die Wahrscheinlichkeit dafür, dass von der Aufnahme der beabsichtigte Gebrauch gemacht werden konnte und gemacht ist. Übrigens war eine Beleidigung der Antragstellerin auch nicht erst damit gegeben, dass die Photographie der Antragstellerin zu ihrer Rekognoszierung anderen Personen vorgelegt wurde. Vielmehr enthält auch schon die Betätigung des erwähnten Verdachtes gegen sie durch die zum Zwecke ihrer Rekognoszierung vorgenommene photographische Aufnahme ihres Bildes eine Beleidigung, d. h. eine unberechtigte Darlegung der Missachtung ihrer Person, weil sie schon damit als eine Person hingestellt wird, der zuzutrauen sei, dass sie ihre weibliche Ehre preisgebe. Wenn die Antragstellerin den beleidigenden Charakter der Handlung erst später erkannt hat, so ändert dies an dem Vorhandensein der Beleidigung nichts. Zum Tatbestande einer solchen gehört auch nicht notwendig die Absicht der Beleidigung. Vielmehr gehört dazu, abgesehen von der Vorsätzlichkeit der Kundgebung als Dolus, nur noch das „Bewusstsein" des ihr beiwohnenden ehrenkränkenden Charakters, sowie ihrer Rechtswidrigkeit Es macht sich auch derjenige einer Beleidigung schuldig, der sich einer ehrenkränkenden Kundgebung als Mittel zu einem anderen Zwecke bedient; z. vgl. Oppenhoff, Anm. 27 zum §. 185 St.-G.-B. An dem Vorhandensein des Bewusstseins von dem ehrenkränkenden Charakter der Handlung ist vorliegenden Falles nicht zu zweifeln. Und auch das Bewusstsein ihrer Rechtswidrigkeit muss bei der Frivolität, mit der hier — nach dem der Entscheidung zu Grunde zu legenden Tatbestande — gehandelt ist, und der Art und Weise, wie der Berufungskläger K. sich die Gelegenheit zu der photographischen Aufnahme verschafft hat und nach ihrer Ausführung davon geeilt ist, jedenfalls zunächst als vorhanden angenommen werden.

Gegen die Handlungsweise der Berufungskläger ist der Antragstellerin auch der beantragte Rechtsschutz zu gewähren. Es ist streitig, ob die Bestimmung des §. 823 Abs. 1 B.-G.-B. sich auf das Rechtsgut der Ehre bezieht. Endemann, „Lehrbuch des bürgerlichen Rechtes" §. 200, und Kuhlenbeck, „Von den Pandekten zum B.-G.-B." II S. 153, nehmen es an. Wäre ihre Ansicht richtig, so würde es nicht darauf ankommen, ob der Tatbestand des §. 185 St.-G.-B. vorliegt, sondern würde schon eine fahrlässige widerrechtliche Verletzung der Ehre der Antragstellerin durch die Berufungskläger sie nach der angeführten Bestimmung verantwortlich machen. Es kann aber dahingestellt bleiben, ob der Ansicht der Genannten zuzustimmen ist und die Verletzung der Ehre eines andern nicht vielmehr nur nach Abs. 2 des §. 823 insofern geschützt wird, als in der Ehrverletzung ein Verstoss gegen ein den Schutz eines anderen bezweckendes Gesetz liegt. Planck Anm. 2a zu §. 823, und die von ihm daselbst Zitierten. Denn den obigen Ausführungen nach ist hier der §. 185 St.-G.-B., also ein Gesetz der oben erwähnten Art verletzt.

Allerdings sprechen die Vorschriften des Titels des B. G.-B. von den „Unerlaubten Handlungen" nur von Ansprüchen auf Schadenersatz. Selbstverständlich kann die Meinung des Gesetzgebers aber nicht gewesen sein, dass zum Ausgleiche der durch die unerlaubten Handlungen begangenen Rechtsverletzungen nur das Mittel der Schadensklage gegeben sein solle, dagegen ein Rechtsbehelf zur Beseitigung der Rechtsverletzungen selbst und der Gefahr einer weiteren Schädigung des Verletzten durch dieselben nicht gegeben sein solle. Ist, wie in den in Frage stehenden Vorschriften anerkannt ist, durch die unerlaubte Handlung ein Recht verletzt, so ist an sich selbstverständlich, dass der Berechtigte die Beseitigung des seinem Rechte widersprechenden Zustandes beanspruchen kann. Der Anspruch hierauf, der sich vorliegenden Falles etwa auf Vernichtung der an den Gerichtsvollzieher herauszugebenden Platte mit der photographischen Aufnahme nebst Abzügen u. s. w. zu richten haben wird, geht also neben dem in dem Gesetze geordneten Anspruche auf Schadensersatz her; Planck, Vorbemerkung II zu dem fraglichen Titel.

Der Anspruch und die Sicherungsmassregel der einstweiligen Verfügung richten sich auch mit Recht gegen den Berufungskläger P. Dies schon deshalb, weil nach den obigen Ausführungen bis auf weiteres anzunehmen ist, dass die für sein Geschäft gemachte photographische Aufnahme in demselben auch die beabsichtigte, für die Ehre der Antragstellerin verletzende Verwendung findet. Geschieht dies aber trotz seiner Kenntnis der Sachlage in dem Machtbereiche, in dem seine Autorität gilt und die unerlaubte Handlung verhindern kann und muss, so ist er an ihr mitschuldig. Aber auch für die schon in der photographischen Aufnahme des Bildes der Antragstellerin den Umständen nach liegende Ehrverletzung ist der genannte Berufungskläger, selbst wenn er damals abwesend war und nichts davon gewusst haben sollte, zivilrechtlich allem Anscheine nach mit verantwortlich. Er verteidigt die Berechtigung der Handlungsweise seiner Angestellten und erklärt ihr Verfahren für richtig. Seine Angestellten haben dabei also in seinem Sinne und, wie nahe liegt, nach seiner ihnen allgemein erteilten Instruktion gehandelt. Danach kommt aber die Bestimmung des §. 831 B.-G.-B. in Betracht. Nach dieser Bestimmung ist der Geschäftsherr für die Schädigung haftbar, die eine von ihm zu einer Verrichtung bestimmte Person in Ausführung der Verrichtung einem Dritten zufügt, wenn er bei der ihm obliegenden Leitung der Ausführung der Verrichtung nicht die im Verkehr erforderliche Sorgfalt beobachtet.

Demnach hat das Landgericht, da auch die Voraussetzung des §. 940 C.-P.-O. vorliegt, dass die in der einstweiligen Verfügung getroffene einstweilige Sachregelung zur Abwehr wesentlicher Nachteile von der Antragstellerin nötig erscheint, die Verfügung mit Recht erlassen.

IV.

Landgericht I Berlin.[1])

21. Februar 1902.

„Die Klägerin, welche frühere Choristin beim Olympia-Theater in Berlin war, hat sich bei dem Photographen R. photographieren lassen. Der Beklagte hat sich das Photogramm bei dem Photographen verschafft und benutzt dasselbe zu Reklamezwecken, in der Weise, dass er es auf Flaschen von Haarfärbemitteln klebt, diese Haarfärbemittel in grösseren Mengen in sein Schaufenster gestellt und das Bild als grosses Reklameplakat für Haarfärbemittel an der Ecke Friedrichstrasse und Unter den Linden in einem von ihm gemieteten Schaufenster ausgestellt hat.

Die Klägerin gibt an, durch die widerrechtliche Benutzung ihres Bildes zu Reklamezwecken den peinlichsten Szenen ausgesetzt zu sein, da Leute, die sie nur oberflächlich kenne, auf sie zugetreten seien und ihr erklärt hätten: „Fräulein, ich habe Sie erst neulich bei Kranzler gesehen, u. s. w.“ Mit Rücksicht darauf, und da Beklagter trotz Aufforderung des Rechtsanwalts Dr. M. in Altona das Bildnis als Reklamebild für seine Haarfärbemittel nach wie vor benutze, hat sie die Klage erhoben mit dem Antrage:

> den Beklagten zu verurteilen, die Benutzung der Photographie der Klägerin zum Zwecke der Reklame für Haarfärbemittel zur Vermeidung einer fiskalischen, vom Gerichte festgesetzten Strafe zu unterlassen, ihm auch die Kosten des Rechtsstreits aufzuerlegen.
>
> Gleichzeitig hat sie bei dem Prozessgerichte beantragt: im Wege der einstweiligen Verfügung anzuordnen, dass der Beklagte die Benutzung der Photographie der Klägerin zum Zwecke der Reklame für Haarfärbemittel unterlässt.

Über den letzteren Antrag hat das Prozessgericht durch Beschluss vom 7. Dezember 1901 mündliche Verhandlung angeordnet.

Der Beklagte hat beantragt:

> den Antrag auf Erlass einer einstweiligen Verfügung vom 1. Dezember 1901 kostenpflichtig zurückzuweisen und die Klage kostenpflichtig abzuweisen.

Er bestreitet, dass die photographische Abbildung die gesetzlichen Erfordernisse enthalte. Auch tatsächlich sei der Klageanspruch nicht begründet, weil sich die Klägerin des Schutzes durch das mit dem

---

[1]) Blätter für Rechtspflege im Bezirk des Kammergerichts XIII (1902) S. 90.

Photographen R. getroffene Vertragsverhältnis ein für allemal begeben habe.

Von letzterem habe er das ausschliessliche Vervielfältigungsrecht für Buntdruck, Chromolithographie u. s. w. übertragen erhalten. Dazu sei R. berechtigt gewesen, auch habe sich die Klägerin ausdrücklich jeder Einwendung gegen den Betrieb und die Benutzung der Photographie für gewerbliche Zwecke begeben. Denn die Klägerin habe sich auf Veranlassung des früheren Volontärs des R. aufnehmen lassen, um möglichst weit und breit bekannt zu werden. Bei der Aufnahme — es seien drei Aufnahmen gemacht worden — sei davon gesprochen worden, dass R. das Bild ausstellen, bezw. künstlerisch verwerten würde. Die Klägerin habe nichts dagegen einzuwenden gehabt, sogar ausdrücklich ihr Einverständnis erklärt; hätte aber die Photographien, welche ihr in allen drei Aufnahmen gegeben worden seien, nicht zu bezahlen brauchen. Es sei sonderbar, dass die Klägerin jetzt nach drei Jahren mit der Behauptung auftrete, andere Leute nähmen an dem Bilde Anstoss.

Der Beklagte beleuchtet sodann die Rechtsfrage.

Entscheidungsgründe.

Durch Beschluss des Prozessgerichts vom 22. Januar 1902 ist die Verhandlung der beiden von der Klägerin anhängig gemachten Sachen verbunden worden. Diese Verbindung erschien angemessen, weil das Klagbegehren in beiden Sachen identisch ist und weil, wie unten gezeigt werden soll, wenn der Klageanspruch gerechtfertigt ist, dies auch bezüglich des Antrags auf Erlass einer einstweiligen Verfügung der Fall ist.

Zu den Akten sind nun einige, aus dem Atelier des Photographen R. herrührende Photographien der Klägerin und einige von dem Beklagten zur Reklame in den Verkehr gebrachte Klichees überreicht worden. Die Ähnlichkeit der Gesichtszüge ist in die Augen fallend, allerdings sind die Kopfhaltung, der Haarwuchs und die Bekleidung nicht ganz übereinstimmend. Das Gericht konnte sich aber jeder Prüfung der Identität enthalten, weil der Beklagte ausdrücklich zugegeben hat, dass die von ihm verwendeten Reklameartikel und das Plakat an der Ecke Friedrichstrasse und der Strasse Unter den Linden die Züge der Klägerin tragen und dem von dem Photographen R. aufgenommenen Bilde nachgebildet sind. Er hat daher auch zugegeben, dass er der Photographie der Klägerin in dem von ihr geschilderten Umfange Verbreitung gegeben hat.

Es fragt sich, ob und inwieweit eine derartige Verbreitung zulässig ist und ob die Klägerin ein Widerspruchsrecht und eine Klage auf Unterlassung hat. Zunächst scheidet der Fall aus, dass die Verbreitung in der von dem Beklagten beliebten Art und Weise mit Genehmigung der Klägerin erfolgt ist, weil eine dahingehende Behauptung von dem Beklagten gar nicht aufgestellt ist. Ist sie aber ohne Genehmigung erfolgt, so ist das eventuelle Untersagungsrecht der Klägerin zu untersuchen.

Dasselbe wird zunächst auf das Gesetz betreffend den Schutz der Photographien gegen unbefugte Nachbildung vom 10. Januar 1876 gestützt. Dort wird in §. 7 bestimmt:

„Das in §. 1 bezeichnete Recht des Verfertigers eines photographischen Werkes geht auf dessen Erben über. Auch kann dieses Recht von dem Verfertiger oder dessen Erben ganz oder teilweise durch Vertrag oder durch Verfügung von Todeswegen auf andere übertragen werden. Bei photographischen Bildnissen (Porträts) geht das Recht auch ohne Vertrag von selbst auf den Besteller über."

Ferner müssen die §§. 1 und 5 herangezogen werden. In §. 1 heisst es (Abs. 1):

„Das Recht, ein durch Photographie hergestelltes Werk ganz oder teilweise auf mechanischem Wege nachzubilden, steht dem Verfertiger der photographischen Aufnahme ausschliesslich zu — —;" und in §. 5;

Jede rechtmässige Photographische oder sonstige mechanische Abbildung der Originalaufnahme muss auf der Abbildung selbst oder auf dem Karton:

a) den Namen beziehungsweise die Firma des Verfertigers der Originalaufnahme oder des Verlegers, und
b) den Wohnort des Verfertigers oder Verlegers,
c) das Kalenderjahr, in welchem die rechtmässige Abbildung zuerst erschienen ist, enthalten, widrigenfalls ein Schutz gegen Nachbildung nicht stattfindet."

Die letzte Vorschrift ist von der Reichstagskommission beigefügt worden, um die Berechnung der 5jährigen Schutzfrist des §. 6 zu ermöglichen.

Das Untersagungsrecht der Klägerin soll ihr als der Bestellerin des Bildes zustehen. Bei dieser Gelegenheit ist auf die Entstehungsgeschichte des Porträts, welche die Beklagte gibt, einzugehen. Danach soll nämlich die Klägerin nicht, wie sonst üblich, zu dem Photographen gekommen sein und die Aufnahme ihres Porträts gegen Bezahlung verlangt haben. Vielmehr ist, wie sie auch zugibt, vereinbart worden, dass sie für die 3 Aufnahmen nichts zu bezahlen habe, und tatsächlich hat sie auch nichts bezahlt. Ob sie auf Veranlassung des Volontärs W. zu R. gekommen ist, und ob sie sich mit Rücksicht auf ihre Stellung als Schauspielerin danach sehnte, weit und breit bekannt zu werden, ist gleichgültig. Denn der Beklagte hat nur geltend gemacht, dass die Klägerin nichts dagegen einzuwenden gehabt habe, wenn R. ihr Bild ausstellen und künstlerisch verwerten würde. Diese Behauptung und der darauf bezügliche Beweisantritt sind vom Gerichte für unerheblich erachtet worden, weil, selbst wenn man ihre Richtigkeit unterstellt, von einer künstlerischen Verwertung, wie noch gezeigt werden soll, hier keine Rede sein kann.

„Besteller" im Sinne des Gesetzes ist die Klägerin, wenn sie auch wesentlich den Zweck der Ausstellung ihres Porträts im Auge hatte und weniger beabsichtigte, ihr Bild etwa für Verwandte u. s. w. aufnehmen zu lassen, so war sie doch kein blosses Modell, das dem Photographen lediglich auf dessen Wunsch sass, sondern sie wünschte, photographiert zu werden, und hat lediglich über die Verwendung der Aufnahme besondere Abreden getroffen. Dass sie für die Photographien nicht zu bezahlen brauchte, ist unerheblich; denn eine Gegenleistung des Porträtierten ist gesetzlich nicht erfordert. W. hat nur eine vermittelnde Tätigkeit ausgeübt.

Dennoch steht der Klägerin nach Ansicht des Gerichts die Klage auf Unterlassung aus dem Gesetze vom 10. Januar 1876 nicht zu. Die von den Parteien zu den Akten überreichten drei Photographien tragen sämtlich den Namen des Verfertigers R., zwei von ihnen auch seinen Wohnort Berlin; aber keine enthält das Kalenderjahr, in welchem die rechtmässige Abbildung zuerst erschienen ist. Dass dies kein unwesentliches Erfordernis ist, zeigt der vorerwähnte Beschluss der Reichtagskommission.

Keyssner bemerkt in dem Werke: „Das Recht am eigenen Bilde" (Berlin 1896) mit Recht, dass bei Porträts sehr häufig die Schutzvermerke des §. 5 fehlen (S. 40). Er ist der Ansicht, dass allgemein das Persönlichkeitsrecht, das Recht am eigenen Bilde seinen Schutz verlangt und erlangt, auch wenn die Erfordernisse des §. 5 nicht vorhanden sind, und dass danach auch gegen die von Liebhaberphotographen aufgenommenen Porträts, die gewöhnlich diese Erfordernisse nicht enthalten, dem Urbild ein Schutz gewährt wird. Das Prozessgericht kann hier nicht erörtern, ob diese Lehre allgemein zutrifft; nicht beizutreten ist jedenfalls der von Keyssner in Anm. 75, S. 6 vertretenen Ansicht, dass es bei Bildnisphotographien der Jahreszahl nicht bedarf. Er will dies daraus folgern, dass bei ihnen von einem „Erscheinen" nicht die Rede ist, und danach §. 6 Abs. 2 des Gesetzes zur Anwendung bringen: „Wenn solche Abbildungen nicht erscheinen, so wird die fünfjährige Frist von dem Ablaufe desjenigen Kalenderjahrs ab gerechnet, in welchem das Negativ der photographischen Aufnahme entstanden ist." der Begriff des „Erscheinens" passt aber auf Porträts ebensosehr, wie auf andere Photographien; danach sind die Abbildungen erschienen, sobald sie in rechtmässiger Weise dem Publikum zugänglich geworden sind (Allfeld, Die Reichsgesetze betreffend das literarische und artistische Urheberrecht, München 1893, S. 338 Anm. 2). Dies ist aber hier unstreitig im Jahre 1898 oder 1899 der Klägerin gegenüber der Fall gewesen. Diese Jahreszahl ist aber, wie erwähnt, auf den Photographieen der Klägerin nicht wiedergegeben. Auf die Vorschriften des Gesetzes vom 10. Januar 1876 kann sie daher ihren Anspruch nicht stützen.

Sie leitet ihn aber ferner aus dem Allgemeinen Recht der Persönlichkeit her, wonach dem Urbild allein das Verfügungsrecht über die photographische Aufnahme des Bildnisses zukommen soll, einem Rechte, für welches besonders Keyssner in der erwähnten Monographie eintritt, der ihm in weitestem Umfange Geltung verleihen will. Man könnte fragen, ob aus den Vorschriften des Bürgerlichen Gesetzbuchs, etwa aus den §§. 823, 826 daselbst ein Schutz herzuleiten ist. Ein solcher ist der Klägerin nicht um deswillen abzusprechen, weil die genannten Paragraphen eine Schadensersatzplicht des Verletzenden statuieren und hier die Klage auf Unterlassung erhoben ist. Denn, wenn auch das Bürgerliche Gesetzbuch einen Anspruch auf Unterlassung für einzelne Fälle besonders normiert (§§. 12, 862, 1004), so hat es die Zulassung eines solchen Anspruchs nicht für alle andern dem Gebiete des Gesetzbuchs angehörigen Fälle ausschliessen wollen. Vielmehr hat die Reichsgesetzgebung einen klagbaren Anspruch „auf Unterlassung gegenüber rechtswidrigen Eingriffen auf weiten Gebieten des heutigen Rechtsleben steils ausdrücklich, teils mittelbar durch die Gestaltung ausschliesslicher Rechte, namentlich in den Gesetzen zum Schutze des sogenannten geistigen Eigentums und der gewerblichen Ausnutzungsrechte, gesetzliche Anerkennung verliehen (Reichsgerichts-Entscheidungen Bd. 48, S. 118, 119)." Dagegen kann §. 826 B.G.B. nicht zur Anwendung kommen, weil einmal eine vorsätzliche Schadenszufügung nicht behauptet ist und nicht vorliegt und ferner die Handlung des Beklagten in keiner Weise gegen die guten Sitten verstösst.

Von den durch §. 823 B.G.B. geschützten Rechtsgütern könnte nur das „des sonstigen Rechtes" in Frage kommen, welches vorsätzlich oder fahrlässig verletzt werden kann; das Prozessgericht geht aber nicht so weit, das ungeschriebene und nicht zum Schutze erhobene „Recht der Persönlichkeit", zu dessen Annahme es im vorliegenden Falle gelangt ist, als ein „sonstiges Recht" im Sinne des §. 823 B.G.B. anzusehen.

Es geht vielmehr davon aus, dass die Klägerin, als sie — wie wiederholt unterstellt wird — mit R. den Vertrag schloss, nur daran dachte, dass er es in seinen Schaukästen an der Strasse in seinem Atelier ausstellen und künstlerisch, etwa durch Kolorierung, Vergrösserung verwerten würde. Nur hiermit ist sie einverstanden gewesen, und man kann es verständlich finden, dass ihr eine derartige Art der Verwendung ihrer Erscheinung nicht unlieb gewesen ist. Es ist aber eine ganz andere Art der Verwendung, wenn das Porträt in Reklameheften und in dem Schaukasten des Beklagten zur Reklame für dessen Haarfärbemittel verwendet und die Gestalt der Klägerin weniger bekleidet, als auf dem Originalbilde, vorgeführt wird. Das ist keine künstlerische Verwendung, bei deren Anblick der Beschauer die Klägerin wiedererkennen und die Ähnlichkeit oder künstlerische Ausführung des Porträts rühmend hervorheben könnte, sondern diese Verwendung macht die Klägerin lächerlich, weil man lediglich ihr Bildnis mit der Reklame für das Haarfärbemittel in Verbindung bringen und die Vermutung haben könnte, dass sie selbst das Reklamemittel angewendet hat. Das Prozessgericht nimmt deshalb an, dass die Verwertung dem Willen der Klägerin nicht entsprechen konnte und nicht entsprochen hat.

Sie zu verhindern, muss es aber ein Mittel geben, und dasselbe ist darin zu finden, dass das Urbild einer missbräuchlich verwerteten Photographie, abgesehen von den positiven Vorschriften des Gesetzes vom 10. Januar 1876, das Recht hat, eine ihm nicht genehme und es schädigende Wiedergabe seiner Gesichtszüge zu verhindern, gerade weil seine Züge wiedergegeben sind und weil es über das mit seiner Bewilligung aufgenommene Porträt die Herrschaft insoweit behält, dass es jede Verwertung desselben untersagen kann, wenn ihm ein begründetes, nicht chikanöses Widerspruchsrecht dagegen zusteht. Wäre dies nicht der Fall, so wäre der Besteller des Bildes, auf den ohne Vertrag die Rechte des Verfertigers übergehen, vogelfrei und der Willkür des Letzteren ausgesetzt, der bloss eines der Erfordernisse des § 5 des Gesetzes vom 10. Januar 1876 fortzulassen braucht, um jeden beliebigen Gebrauch von dem Bilde zu machen, und der eventuell dem Besteller entgegensetzen könnte, ein Schutz gegen Nachbildung stehe ihm nach §. 5 a. a. O. nicht zu. Wenn im hier vorliegenden Falle der Klägerin ein Recht auf Untersagung gegeben wird, so wird damit nicht ausgesprochen, dass ihr das Recht zusteht, obwohl es im Gesetze nicht begründet ist, sondern lediglich, dass aus dem Persönlichkeitsrecht, aus dem Rechte am eigenen Bilde, in dem sie verletzt ist, unter den konkreten Umständen ihr ein klagbarer Anspruch gegeben ist.

In seinem Aufsatze „Rechtsschutz gegen injuriöse Rechtsverletzungen" (Jahrb. für Dogmatik Bd. 23 S. 318 ff.) gibt von Ihering dem durch Missbrauch der Photographie Verletzten die actio injuriarum nach gemeinem Rechte; ebenso kann man unter Zugrundelegung des Tendenz des B.G.B. (vergl. insbesondere §§. 157, 226, 242) der Klägerin das Recht vindizieren gegen die ihrem Abkommen mit R. nicht entsprechende Verwertung der Photographie Einspruch zu erheben. Und zwar kann ihr Recht nur dadurch gewährleistet werden, dass man dem Verletzer gebietet, die Benutzung der Photographie zu unterlassen.

Ist danach der Anspruch auf Unterlassung begründet, so ist er es nicht nur gegen den hier nicht in Betracht kommenden Verfertiger der Photographie, sondern auch gegen den Beklagten, der dieselbe zu Reklamezwecken verwendet. Wenn ihm auch gegen Zahlung von 30 Mark angeblich das alleinige Vervielfältigungsrecht übertragen ist, so konnte er doch von R. nicht mehr Rechte erwerben, als diesem selbst zustanden, und ein Recht auf Verwertung der Photographie zu Reklamezwecken stand diesem nicht zu. Die Vorschrift des §. 101 Einl. A.L.R. ist als selbstverständlich in das B.G.B. nicht übernommen worden.

Danach ist die Klage begründet (zu II der Urteilsformel): aber auch der Erlass einer einstweiligen Verfügung rechtfertigt sich, und zwar aus §. 940 Z.P.O. Von dem Antrage der Klägerin war nur in dem einen Punkte abzuweichen, dass in der Hauptsache für die Androhung der fiskalischen Strafe gesetzlich keine Unterlage gegeben ist. Dagegen bestimmt das Gericht hinsichtlich der einstweiligen Verfügung nach freiem Ermessen, welche Anordnungen zur Erreichung des Zweckes erforderlich sind (§. 938 Z.P.O.). Da das dem Beklagten gegenüber ausgesprochene Verbot nur wirkungsvoll ist, wenn eine Strafe angedroht ist, war zu I der Urteilsformel, wie geschehen, zu erkennen, indem eine fiskalische Strafe von 500 Mark für jeden Zuwiderhandlungsfall für angemessen erachtet wurde."

V.

Reichsgericht 26. Mai 1900 III. Strafsenat.[1])

Aus den Gründen:

Die Revision konnte nicht von Erfolg sein.

Der erste Richter geht davon aus, dass Besteller des in den Urteilsgründen erwähnten photographischen Reklamebildes die Gesellschaft Fahrradwerke Br. in Braunschweig gewesen sei und nicht die Nebenklägerin. Das angefochtene Urteil stützt diese Annahme auf eine spezielle Darstellung der verschiedenen Verhandlungen und sonstigen Vorgänge, die zwischen den beteiligten Personen stattgefunden haben, sowie auf eine eingehende Erörterung und Würdigung der rechtlichen Natur und Bedeutung dieser sämtlichen Akte in Bezug auf die Frage, wer — und zwar zunächst nach den Grundsätzen des allgemeinen bürgerlichen Rechtes — als Besteller jenes Bildes zu gelten habe. Soweit die hierher gehörigen Feststellungen des Urteiles rein auf tatsächlichem Boden liegen, sind sie nach dem Prinzipe des §. 376 St.P.O. einer Nachprüfung durch das Revisionsgericht entzogen. Eine irrige Auffassung der einschlägigen Vorschriften des allgemeinen bürgerlichen Rechtes wird aus ihnen nicht erkennbar. Es lässt sich von diesem Standpunkte aus kein Bedenken gegen die Annahme des Vorderrichters ableiten, dass Mitkontrahent des Photographen C., also die Person, die — hierbei allerdings durch einen rechtlichen Vertreter handelnd — durch das mit C. wegen Herstellung des fraglichen Bildes getroffene Abkommen nur für sich habe Rechte erwerben wollen und erworben habe, und zwar das Recht auf Herstellung und Lieferung jenes Bildes, die Br. gewesen sei, nicht die Nebenklägerin, diese vielmehr der Sache nach als das Modell für das anzufertigende Bild figuriert habe, der ebendeshalb keinerlei Rechte gegen C. erwachsen seien. Die diese Auffassung des ersten Richters darlegenden Ausführungen seines Urteils erscheinen in allen einzelnen Punkten materiellrechtlich bedenkenfrei. Dass aber das Reichsgesetz vom 10. Januar 1876 in §. 7 des Wort Besteller in einem anderen Sinne verstanden und hierunter ausschliesslich die porträtierte Person oder auch nur diese mitbegriffen habe, ist nicht erweislich und kann daher nicht als richtig zugegeben werden. Zunächst muss nach den allgemeinen Regeln von der Auslegung das erwähnte Wort, in der im Leben und Rechtsverkehr üblichen und festgehaltenen Bedeutung aufgefasst, also dahin verstanden werden, dass damit die Person bezeichnet werde, welche in eigenem Namen einer anderen Person die Anfertigung eines photo-

---

[1]) Entsch. in Strafsachen XXXIII S. 295.

graphischen Bildes aufträgt, diese andere Person sich gegenüber zu der erwähnten Leistung verpflichtet. Unter diesen Umständen wurde dem Worte „Besteller“ in §. 7 des Gesetzes eine andere Bedeutung nur dann zugestanden werden dürfen, wenn sie entweder aus anderweiten Bestimmungen oder aus der allgemeinen Tendenz des Gesetzes oder endlich aus dessen Entstehungsgeschichte sich in unzweifelhafter Weise ergäbe. Dies ist nicht der Fall. Das Gesetz vom 10. Januar 1876 enthält keine Vorschrift, welche auch nur im mindesten darauf hinweise, dass der §. 7 das Wort „Besteller“ abweichend von der gewöhnlichen Bedeutung des Wortes von der abgebildeten Person habe verstanden wissen wollen. Keine einzige Bestimmung des Gesetzes lässt sich auch nur mit einem Scheine des Rechtes für diese Auslegung verwerten. Ebensowenig kann gesagt werden, dass die erkennbare Tendenz des Gesetzes jene Auffassung des Wortes „Besteller“ rechtfertige. Die Tendenz des Gesetzes ist aus den einzelnen Bestimmungen desselben zu entnehmen. Ein weiterer Umfang, als sich hiernach ergibt, kann nicht zugegeben werden. Die einzelnen Bestimmungen des Gesetzes selbst aber gestatten, wie bereits hervorgehoben, keinen der Beschwerdeführerin günstigeren Schluss. Die Entstehungsgeschichte des Gesetzes endlich bietet der von der Beschwerdeführerin verteidigten Meinung nicht nur keine Stütze, sondern tritt ihr sogar entgegen. Der auf den Gesetzentwurf vom Jahre 1870 sich beziehende Kommissionsbericht (S. 31), der anderweite Kommissionsbericht zu §. 8 des Entwurfes vom Jahre 1875 (S. 16), sowie die nachfolgenden Beratungen legen in zweifelloser Weise dar, dass die Gesetzgebungsfaktoren den vielleicht wünschenswert erscheinenden rechtlichen Schutz des Porträtierten selbst durch eine Vorschrift, wie sie gegenwärtig der §. 7 des Gesetzes enthält, für ausreichend gewährt erachteten, indem sie sich hierbei von der Meinung leiten liessen, dass der Besteller des Bildes in der Regel der Porträtierte selbst oder doch ein naher Angehöriger desselben sein werde. Mag nun auch diese Erwägung für zahlreiche Fälle nicht zutreffen und für diese der Porträtierte für seine Person des Rechtsschutzes entbehren, so bleibt doch für die Auslegung des §. 7 immer entscheidend, dass der Gesetzgeber erkennbar nur dem Besteller in dem allgemein gebräuchlichen Sinne dieses Wortes seinen Rechtsschutz hat gewähren wollen, nicht aber dem Porträtierten selbständig, und das vielleicht Unzureichende der für den Gesetzgeber bestimmend gewesenen Erwägungen berechtigt den Richter nicht, in dem einzelnen seiner Entscheidung unterbreiteten Falle die hier einschlagende gesetzliche Vorschrift gegen den an sich klaren Wortlaut und gegen die aus der Geschichte der Entstehung des Gesetzes erkennbare Absicht des Gesetzgebers in einem weiteren als dem sich aus dem Gesetze engebenden Umfange anzuwenden. Aus diesen Erwägungen kann die Annahme des Vorderrichters, dass die Nebenklägerin einen Rechtsschutz aus den §§. 1—7 des Reichsgesetzes vom 10. Januar 1876 zu beanspruchen nicht in der Lage sei, nicht als rechtsirrig bezeichnet werden, und rechtfertigt sich hiermit von selbst der Ausspruch des angefochtenen Urteiles, dass der von der Nebenklägerin gestellte Strafantrag nicht geeignet gewesen sei, eine strafrechtliche Verfolgung der drei Angeklagten herbeizuführen . . . . .

VI.

Court of Appeals of New York.

27. Juni 1902.[1])

Roberson v. Rochester Folding Box Co. et al.

(Court of Appeals of New York. June 27., 1902.)

Appeal from supreme court, appallate division, Fourth department.

Action by Abigail M. Roberson, by Margaret E. Bell, her guardian ad litem, against the Rochester Folding Box Company and others. From a judgment of te appellate division (71 N. Y. Supp. 876) affirming a judgment in favor of plaintiff overruling a demurrer to de complaint. defendants appeal. Reversed.

Elbridge L. Adams, for appellants. Milton E. Gibbs, for respondent.

1. Parker, C. J. The appellate division has certified that the following questions of law have arisen in this case, and ought to be reviewed by this court: (1) Does the complaint herein state a cause of action at law against the defendants, or either of them? (2) Does the complaint herein state a cause of action in equity against the defendants, or either of them? These questions are presented by a demurrer to the complaint, which is put upon the ground that the complaint does not state facts sufficient to constitute a cause of action.

As a demurrer admits not only those facts which are expressly alleged in the complaint, but everything which can be implied by fair and reasonable intendment from its allegations (Marie v. Garrison, 83 N. Y. 14, 23), we are to inquire whether the complaint, regarded from the standpoint of this rule, can be said to show any right to relief either in law or in equity. The complaint alleges that the Franklin Mills Company, one of the defendants, was engaged in a general milling business and in the manufacture and sale of flour; that before the commencement of the action, without the knowledge or consent of plaintiff, defendants, knowing that they had no right or authority so to do, had obtained, made, printed, sold, and circulated about 25,000 lithographic prints, photographs, and likenesses of plaintiff, made in a manner particularly set up in the complaint; that upon the paper upon which the likenesses were printed and above the portrait there were printed, in large, plain letters, the words, "Flour of the Family," and below the portrait, in large capital letters, "Franklin Mills Flour" and in the lower right-hand corner, in smaller capital letters, "Rochester

[1]) Aus dem Northeastern Reporter 64 p. 442 f. Es findet sich auch (aber ohne das Minderheitsvotum) in den Chicago Legal News XXXIV (12. Juli 1902, Nr. 47) p. 869 f.

Folding Box Co., Rochester, N. Y."; that upon the same sheet were other advertisements of the flour of the Franklin Mills Company; that those 25,000 likenesses of the plaintiff thus ornamented have been conspicuously posted and displayed in stores, warehouses, saloons, and other public places; that they have been recognized by friends of the plaintiff, and other people, with the result that plaintiff has been greatly humiliated by the scoffs and jeers of persons who have recognized her face and picture on this advertisement, and her good name has been attacked, causing her great distress and suffering, both in body and mind; that she was made sick, and suffered a severe nervous shock, was confined to her bed, and compelled to employ a physician, because of these facts; that defendants had continued to print, make, use, sell, and circulate the said lithographs, and that by reason of the foregoing facts plaintiff had suffered damages in the sum of $ 15,000. The complaint prays that defendants be enjoined from making, printing, publishing, circulating, or using in any manner any likenesses of plaintiff in any form whatever; for further relief (which it is not necessary to consider here); and for damages.

It will be observed that there is no complaint made that plaintiff was libeled by this publication of her portrait. The likeness is said to be a very good one, and one that her friends and acquaintances were able to recognize. Indeed, her grievance is that a good portrait of her, and therefore one easily recognized, has been used to attract attention toward the paper upon which defendant mill company's advertisements appear. Such publicity, which some find agreeable, is to plaintiff very distasteful, and thus, because of defendants' impertinence in using her picture, without her consent, for their own business purposes, she has been caused to suffer mental distress where others would have appreciated the compliment to their beauty implied in the selection of the picture for such purposes; but, as it is distasteful to her, she seeks the aid of the courts to enjoin a further circulation of the lithographic prints containing her portrait made as alleged in the complaint. and, as an incident thereto, to reimburse her for the damages to her feelings, which the complaint fixes at the sum of $ 15,000. There is no precedent for such an action to be found in the decisions of this court. Indeed, the learned judge who wrote the very able and interesting opinion in the appellate division said, while upon the threshold of the discusion of the question; "It may be said, in the first place, that the theory upon which this action is predicated is new, at least in instance, if not in principle, and that few precendents can be found to sustain the claim made by the plaintiff, if, indeed, it can be said that there are any authoritative cases establishing her right to recover in this action." Nevertheless that court reached the conclusion that plaintif had a good cause of action against defendants, in that defendants had invaded what is called a "right of privacy"; in other words, the right to be let alone. Mention of such a right is not to be found in Blackstone, Kent, or any other of the great commentators upon the law; nor, so far as the learning of counsel or the courts in this case have been able tho discover, does its existence seem to have been asserted prior to about the year 1890, when it was presented with attractiveness, and no inconsiderable ability, in the Harvard Law Review (volume 4, p. 193) in an article entitled "Rights of a Citizen to His Reputation." The so-called "right of privacy" is, as the phrase suggests, founded upon the claim that a man has the right to pass through, this world, if he wills, without having his picture published his business enterprises discussed, his successful experiments written up for the benefit of others, or his eccentricities commented upon either in handbills, circulars, catalogues, periodicals, or newspapers; and, necessarily, that the things which may not be written and published of him must not be spoken of him by his neighbors, whether the comment be favorable or otherwise. While most persons would much prefer to have a good likeness of themselves appear in a responsible periodical or leading newspaper rather than upon an advertising card or sheet, the doctrine which the courts are asked to create for this case would apply as well to the one publication as to the other, for the principle which a court of equity is asked to assert in support of a recovery in this action is that the right of privacy exists and is enforceable in equity, and that the publication of that which purports to be a portrait of another person, even if obtained upon the street by an impertinent individual with a camera, will be restrained in equity on the ground that an individual has the right to prevent his features from becoming known to those outside of his circle of friends and acquaintances. If such a principle be incorporated into the body of the law through the instrumentality of a court of equity, the attempts to logically apply the principle will necessarily result not only in a vast amount of litigation, but in litigation bordering upon the absurd, for the right of privacy, once established as a legal doctrine, cannot be confined to the restraint of the publication of a likeness, but must necessarily embrace as well the publication of a word picture, a comment upon one's looks, conduct, domestic relations or habits. And, were the right of privacy once legally asserted, it would necessarily be held to include the same things if spoken instead of printed, for one, as well as the other, invades the right to be absolutely let alone. An insult would certainly be in violation of such a right, and with many persons would more seriously wound the feelings than would the publication of their picture. And so we might add to the list, of things that are spoken and done day by day which seriously offend the sensibilities of good people to which the principle which the plaintiff seeks to have imbedded in the doctrine of the law would seem to apply. I have gone only far enough to barely suggest the vast field of litigation which would necessarily be opened up should this court hold that privacy exists as a legal right enforceable in equity by injunction, and by damages where they seem necessary to give complete relief.

The legislative body could very well interfere and arbitrarily provide that no one should be permitted for his own selfish purpose to use the picture or the name of another for advertising purposes without his consent. In such event no embarassment would result to the general body of the law, for the rule would be applicable only to cases provided for by the statute. The courts, however, being without authority to legislate, are required to decide cases upon principle, and so are necessarily embarrassed by precedents created by an extreme, and therefore unjustifiable, application of an old principle. The court below properly said that: "While it may be true that the fact that no precedent can be found to sustain an action in any given case is cogent evidence that a principle does not exist upon which the right may be based, it is not the rule that the want of a precedent is a sufficient reason for turning the plaintiff out of court," provided (I think should be added) there can be found a clear and unequivocal principle of the common law, which either directly or mediately governs it, or which, by analogy or parity of reasoning, ought to govern it. It is undoubtedly true that in the early days of chancery jurisdiction in England the chancellors were accustomed to deliver their judgments without regard to principles or precedents, and in that way the process of building up the system of equity went on, the chancellor disregarding absolutely many established principles of the common law. "In no other way," says Pomeroy, "could the system of equity jurisprudence have been commenced and continued so as to arrive at its present proportions." Pom. Eq. Jur. §. 48. In their work the chancellors were guided not only by what they regarded as the eternal principles of absolute right, but also by their individual consciences; but after a time, when "the period of infancy was passed, and an orderly system of equitable principles, doctrines, and rules began to be developed out of the increasing mass of precedents, this theory of a personal conscience was abandoned; and 'the conscience,' which is an element of the equitable jurisdiction, came to be regarded, and has so continued to the present day, as a metaphorical term, designating the common standard of civil right and expediency combined, based upon general principles and limited by established doctrines to which the court appeals, and by which it tests the conduct and rights of suitors,—a juridical, and not a personal, conscience." Pom. Eq. Jur. §. 57.

The importance of observing the spirit of this rule cannot be overestimated; for, while justice in a given case may be worked out by a decision of the court according to the notions of right which govern the individual judge or body of judges comprising the court, the mischief which will finally result may be almost incalculable under our system, which makes a decision in one case a precedent for decisions in all future cases which are akin to it in the essential facts. So, in a case like the one before us, which is concededly new to this court, it is important that the court should have in mind the effect upon future litigation and upon the development of the law which would necessarily result from a step so far outside of the beaten paths of both common law and equity, assuming—what I shall attempt to show in a moment —that the right of privacy, as a legal doctrine enforceable in equity, has not, down to this time, been established by decisions. The history of the phrase "right of privacy" in this country seems to have begun in 1890, in a clever article in the Harvard Law Review,—already referred to,—in which a number of English cases were analyzed, and, reasoning by analogy, the conclusion was reached that, notwithstanding the unanimitiy of the couts in resting their decisions upon property rights in cases where publication is prevented by injunction, in reality such prevention was due to the necessity of affording protection to thoughts and sentiments expressed through the medium of writing, printing, and the arts, which is like the right not to be assaulted or beaten; in other words, that the principle actually involved, though not always appreciated, was that of an inviolate personality, not that of private property. This article brought forth a reply from the Northwestern Review (volume 8, p. 1) urging that equity has no concern with the feelings of an individual, or with considerations of moral fitness except as the inconvenience or discomfort which the person may suffer is connected with the possession or enjoyment of property, and that the English authorities cited are consistent with such view. Those authorities are now to be examined, in order that we may see whether they were intemded to and did mark a departure from the established rule which had been enforced for generations; or, on the other hand, are entirely consistent whit it.

The first case is Prince Albert v. Strange, 1 Macn & G. 25; Id., 2 De Gex & S. 652. The queen and the prince, having made etchings and drawings for their own amusement, decided to have copies struck off from the etched plates for presentation to friends and for their own use. The workman employed, however, printed some copies on his own account, which afterwards came into the hands of Strange, who purposed exhibiting them, and published a descriptive catalogue. Prince Albert applied for an injunction as to both exhibition and catalogue, and the vice chancellor granted it, restraining defendant from publishing, "at least by printing or writing, though not by copy or resemblance," a description of the etchings. An examination of the opinion of the vice chancellor discloses that he found two reasons for granting the injunction, namely, that the property rights of Prince Albert had been infringed, and that there was a breach of trust by the workman in retaining some impressions for himself. The opinion contained no hint whatever of a right of privacy separate and distinct from the right of property.

Pollard v. Photographic Co., 40 Ch. Div. 345, is certainly not an authority for granting an injunction on the ground of threatened injury to the feelings, although it is true, as stated in the opinion of the appellate division, that the court did say in the course of the discussion that the right to grant an injunction does not depend upon the existence of property; but the decision was, in fact, placed upon the ground that there was a breach of an implied contract. The facts, briefly stated.

were that a photographer had been applied to by a woman to take her photograph, she ordering a certain number of copies, as is usual in such cases. The photographer made copies for himself, and undertook to exhibit them, and also sold copies to a stationer, who used them as Christmas cards. Their action was restrained by the court on the ground that there was an implied contract not to use the negative for any other purpose than to supply the sitter with copies of it for a price. During the argument of plaintiff's counsel the court asked this question: "Do you dispute that, if the negative likeness were taken on the sly, the person who took it might exhibit coppies?" Counsel replied, "In that case there would be no consideration to support a contract."

In Gee v. Pritchard, 2 Swanst. 402, B. attempted to print a private letter written him by A., and he was restrained on the ground that the property of that private letter remained in A., B having it only for the qualified purpose for which it was sent to him; the basis of the decision, therefore, being the idea of plaintiff's property in the thing published as being the product of his mind, written by him, and put into the hands of B. for a limited purpose only. The same judge—Lord Eldon—also granted the injunction in Abernethy v. Hutchinson, 3 Law J. Ch. 209, restraining the publication in the Lancet of lectures delivered at a hospital by the plaintiff. The court expressed a doubt in that case whether there could be property in lectures which had not been reduced to writing, but granted the injunction on the ground that it was a breach of confidence on the part of a pupil who was admitted to hear the lectures to publish them, inasmuch as they were delivered for the information of the pupils and not for sale and profit by them.

Mayall v. Higbey, 1 Hurl. & C. 148, was also a case where an injunction was granted and nominal damages awarded on the ground that plaintiff had a property right in certain photographic negatives which he had loaned to a person, who subsequently became insolvent, and whose assignee, without right, sold them to defendant, who printed copies from them, which he published and sold.

In Duke of Queensbury v. Shebbeare, 2 Eden, 329, the Earl of Clarendon delivered to one Gwynne an origiral manuscript of his father's "Lord Clarendon's History." Gwynne's administrator afterwards sold it to Shebbeare, and the court, upon the application of the personal representatives of Lord Clarendon, restrained its publication on the ground that they had a property right in the manuscript which it was not intended that Gwynne should have the benefit of by multiplying the number of copies in print for profit.

In not one of these cases, therefore, was it the basis of the decision that the defendant could be restrained from performing the act he was doing or threatening to do on the ground that the feelings of the plaintiff would be thereby injured; but, on the contrary, each decision was rested either upon the ground of breach of trust, or that plaintiff had a property right in the subject of litigation which the court could protect.

A more recent English case, decided in 1898, is more nearly in point, and negatives the contention that plaintiff may restrain an unauthorized publication which is offensive to him,—namely, Dockrell v. Dougall, 78 Law T. (N. S.) 840. In that case defendant, the owner of a medicine called "Sallyco", published the following substantially true but unauthorized statement about plaintiff: "Dr. Morgan Dockrell, physician to St. John's Hospital, London, is prescribing Sallyco as an habitual drink. Dr. Dockrell says nothing has done his gout so much good." In the course of the opinion the court said, in effect, that plaintiff claimed to be entitled to an injunction restraining defendant from using plaintiff's name in his advertisements on the ground that an injunction should be granted in every such case where it can be shown that the use of the plaintiff's name is unauthorized, and is calculated to injure him in his profession; and, after saying that he did not think that this was right, he stated the proper rule to be that, "In order that an injunction may issue to restrain a defendant from using a plaintiff's name, the use of it must be such as to injure the plaintiff's reputation or property."

None of the other English cases brought to our attention are claimed to have a direct bearing upon this question, and it seems to us very clear that they do not in any wise support the position of plaintiff.

The case that seems to have been more relied upon than any other by the learned appellate division in reaching the conclusion that the complaint in this case states a cause of action is Schuyler v. Curtis, 147 N. Y. 434, 42 N. E. 22, 31 L. R. A. 286, 49 Am. St. Rep. 671. In that case certain persons attempted to erect a statue or bust of a woman no longer living, and one of her relatives commenced an action in equity to restrain such erection, alleging that his feelings and the feelings of other relatives of deceased would be injured thereby. At special term an injunction was granted on that ground. 19 N. Y. Supp. 264. The general term affirmed the decision. 64 Hun, 594. This court reversed the judgment, Judge Peckham writing, and, so far as the decision is concerned, therefore, it is not authority for the existence of a right of privacy which entitles a party to restrain another from doing an act which, though not actionable at common law, occasions plaintiff mental distress. In the course of the argument, however, expressions were used which it is now claimed indicate that the court recognized the existence of such a right. A sufficient answer to that contention is to be found in the opinion written on the motion for reargument in Colonial City Traction Co. v. Kingston City R. Co., 154 N. Y. 493, 48 N E. 900, in which it was said: "It was not our intention to decide any case but the one before us. . . . . If, as sometimes happens, broader statements were made by way of argument or otherwise than were essential to the decision of the questions presented, they are the dicta of the writer of the opinion, and not the decision of the court. A judicial opinion, like evidence, is only binding so far as it is relevant; and when it wanders from the point at issue it no longer has force as an official utterance." The question up for decision in the Schuyler Case was whether the relatives could restrain the threatened action of defendants, and not whether Mrs. Schuyler could have restrained it had she been living. The latter question not being before the court, it was not called upon to decide it, and, as we read the opinion, there is no expression in it which indicates an intention either to decide it or to seriously consider it; but, rather, it proceeds upon the assumption that, if such a right did exist in Mrs. Schuyler, her relatives did not succeed to it upon her death; all of which will sufficiently appear from the following extracts from the opinion: "This action is of a nature somewhat unusual, and dependent for its support upon the application of certain principles which are themselves not very clearly defined, or their boundaries very well recognized or plainly laid down. Briefly described, the action is founded upon the alleged violation of what is termed the right of privacy." "It is not necessary, however, to the view which we take of this case, to lay down precise and accurate rules which shall apply to all cases touching upon this alleged right." "For the purposes we have in view, it is unnecessary to wholly deny the existence of the right of privacy to which the plaintiff appeals as the foundation of his cause of action." "While not assuming to decide what this right of privacy is in all cases, we are quite clear that such a right would not be violated by the proposed action of the defendants."

There are two other cases in this state bearing upon this question: Marks v. Jaffa (Super. N. Y.) 26 N. Y. Supp. 908, decided at special term, and Murray v. Engraving Co., 8 Misc. Rep. 36, 28 N. Y. Supp. 271, decided at an equity term of the court of common pleas at New York. In the first case the relief prayed for was granted upon the authority of the decision of the general term in the Schuyler Case, which was subsequently reversed in this court. In the Murray Case, in a well-reasoned opinion by Judge Bischoff, it is held that a parent cannot maintain an action to enjoin an unauthorized publication of the portrait of an infant child, and for damages for injuries to his sensibilities, caused by the invasion of his child's privacy, because "the law takes no cognizance of a sentimental injury, independent of a wrong to person or property." In the course of his opinion he quotes from the opinion of Lumpkin, J., in Chapman v. Telegraph Co., 88 Ga. 763, 15 S. E. 901, 17 L. R. A. 430, 30 Am. St. Rep. 183, as follows: "The law protects the person and the purse. The person includes the reputation. The body, reputation, and property of the citizen are not to be invaded without responsibility in damages to the sufferer. But, outside these protected spheres, the law does not yet attempt to guard the peace of mind, the feelings, or the happiness of every one by giving recovery of damages for mental anguish produced by mere negligence. There is no right, capable of enforcement by process of law, to possess or maintain, without disturbance, any particular condition of feeling. The law leaves feeling to be helped and vindicated by the tremendous force of sympathy. The temperaments of individuals are various and variable, and the imagination exerts a powerful and incalculable influence in injuries of this kind. There are many moral obligations too delicate and subtle to be enforced in the rude way of giving money compensation for their violation. Perhaps the feelings find as full protection as it is possible to give in moral law and a responsive public opinion. The civil law is a practical business system, dealing with what is tangible, and does not undertake to redress psychological injuries."

Outside of this jurisdiction the question seems to have been presented in two other cases in this country: Corliss v. E. W. Walker Co. (C. C.) 57 Fed. 434, Id., 64 Fed. 280, 31 L. R. A. 283, and Atkinson v. Doherty, 121 Mich. 372, 80 N. W. 285, 46 L. R. A. 219, 80 Am. St. Rep. 507. The Corliss Case was an action in equity to restrain the publication of the biography and picture of Mr. Corliss. It was based upon an alleged invasion of the right of privacy. The court denied the injunction as to the publication of the biography, but granted it as to the use of certain plates from which the defendant was to make a picture of Mr. Corliss, upon the ground that they had been obtained upon conditions which defendant hat not complied with. In the course of the opinion the court said: "Under our laws one can speak and publish what he desires, provided he commit no offense against public morals or private reputation. . . . . There is another objection which meets us at the threshold of this case. The subject-matter of the jurisdiction of a court of equity is civil property, and injury to property, whether actual or prospective, is the foundation on which its jurisdiction rests. In re Sawyer, 124 U. S. 200, 210, 8 Sup. Ct. 482, 31 L. Ed. 402; Kerr, Inj. (2d Ed.) p. 1. It follows from this principle that a court of equity has no power to restrain a libelous publication." Both the opinion and the decision necessarily negative the existence of an actionable right of privacy; but subsequently, upon a motion to dissolve the injunction, which was granted upon the ground that Mr. Corliss was a public character, and hence the publishers were entitled to use his picture, the learned court expressed the opinion that a private individual has the right to be protected from the publication of his portrait in any form.[1] Now, while this suggestion was obiter, it merits discussion, and an examination of that which it promulgates as doctrine discloses what we deem a fatal objection to the establishment of a rule of privacy. The learned judge says: "I believe the law to be that a private individual has a right to be protected in the representation of his portrait in any form; that this is a property, as well as a personal, right; and that it belongs to the same class of rights which forbids the reproduction of a private manuscript or painting, or the publication of private letters, or of oral lectures delivered by a teacher to his class, or the revelation of the contents of a merchant's book by a elerk. . . . . But, while the right of a private individual to prohibit the reproduction of his picture

---

[1]) Vgl. dieses Bostoner Urteil vom 19. November 1894 im Droit d'auteur VIII p. 142.

or photograph should be recognized and enforced, this right may be surrendered or dedicated to the public by the act of individual, just the same as a private manuscript, book, or painting becomes (when not protected by copyright) public proberty by the act of publication. The distinction in the case of a picture or photograph lies, it seems to me, between public and private characters. A private individual should be protected against the publication of any portrait of himself, but, where an individual becomes a public character, the case is different. A statesman, author, artist, or inventor, who asks for and desires public recognition, may be said to have surrendered his right to the public." This distinction between public and private characters cannot possibly be drawn. On what principle does an author or artist forfeit his right of privacy, and a great orator, a great preacher, or a great advocate retain his? Who can draw a line of demarcation betwen public characters and private characters, let that line be as wavering and irregular as you please? In the very case, then, before the judge, what had Mr. Corliss done by which he surrendered his right of privacy? In what respect did he, by his inventions, "ask for and desire public recognition" any more than a banker or merchant who prosecutes his calling? Or ist he right of privacy the possession of mediocrity alone, which a person forfeits by giving rein to his ability, spurs to his industry, or grandeur to his character? A lady may pass her life in domestic privacy, when, by some act of heroism or self-sacrifice, her name and fame fill the public ear. Is she to forfeit by her good deed the right of privacy she previously possessed? These considerations suggest the answer we would make to the position of the learned judge, and at the same time serve to make more clear what we have elsewhere attempted to point out, namely, the absolute impossibility of dealing with this subject save by legislative enactment, by which may be drawn arbitrary distinctions which no court should promulgate as a part of general jurisprudence.

Atkinson v. Doherty was a suit in equity, brought by the widow of Col. John Atkinson, a well-known lawyer in Detroit, to enjoin the defendant, a cigar manufacturer, from using the name and portrait of Col. Atkinson upon boxes of cigars manufactured by defendant. The suit was dismissed by the circuit court, and its decree was unanimously affirmed by the supreme court. The case quite closely resembles the Schuyler Case, which was brought to the attention of that court, and in the course of the opinion the contention that the Schuyler Case intimated the existence of a right of privacy was met as follows: "We think it should not be considered as containing a dictum, even, in support of the doctrine contended for." The method adopted by the court in the Atkinson Case in treating the question was different from that employed by this court in the Schuyler Case, however, for the opinion proceeds to a review of the authorities upon which the right of privacy is said to rest, reaching the conclusion that all of the authorities which are entitled to respect are based upon property or contract rights, and hence "that Colonel Atkinson would himself be remediless were he alive, and the same is true of his friends who survive." The opinion concludes as follows: "This law of privacy seems to have gained a foothold at one time in the history of our jurisprudence; not by that name, it is true, but in effect. It is evidenced by the old maxim, 'The greater the truth the greater the libel,' and the result has been the emphatic expression of public disapproval by the emanicipation of the press and the establishment of freedom of speech, and the abolition in most of the states of the maxim quoted by constitutional provisions. The limitations upon the exercise of these rights being the law of slander and libel, whereby the publication of an untruth that can be presumed or shown to the satisfaction, not of the plaintiff, but of others (i. e, an impartial jury), to be injurious, not alone to the feelings, but to the reputation, is actionable. Should it be thought that it is a hard rule that is applied in this case, it is only necessary to call attention to the fact that a ready remedy is to be found in legislation. We are not satisfied, however, that the rule is a hard one, and think that the concensus of opinion must be that the complainants contend for a much harder one. The law does not remedy all evils. It cannot, in the nature of things: and deliberation may well be used in considering the propriety of an innovation such as this case suggests. We do not wish to be understood as belittling the complaint. We have no reason to doubt the feeling of annoyance alleged. Indeed, we sympathize with it, and marvel at the impertinence which does not respect it. We can only say that it is one of the ills that under the law cannot be redressed."

An examination of the authorities leads us to the conclusion that the so-called "right of privacy" has not as yet found an abiding place in our jurisprudence, and, as we view it, the doctrine cannot now be incorporated without doing violence to settled principles of law by which the profession and the public have long been guided. I do not say that, even under the existing law, in every case of the character of the one before us, or, indeed, in this case, a party whose likeness is circulated against his will is without remedy. By section 245 of the Penal Code any malicious publication by picture, effigy, or sign, which exposes a person to contempt, ridicule, or obloquy, is a libel, and it would constitute such at common law. "Malicious," in this definition, means simply „intentional and willful." There are many articles, especially of medicine, whose character. is such that using the picture of a person, particularly that of a woman, in connection with the advertisement of those articles, might justly be found by a jury to cast ridicule or obloquy on the person whose picture was thus published. The manner or posture in which the person is portrayed might readily have a like effect. In such cases both a civil action and a criminal prosecution could be maintained. But there is no allegation in the complaint before us that this was the tendency of the publication complained of, and the absence of such an allegation is fatal to the maintenance of the action, treating it as one of libel. This case differs from an action brought for libelous words. In such case the alleged libel is stated in the complaint, and, if the words are libelous per se, it is unnecessary to charge that their effect exposes the plaintiff to disgrace, ridicule, or obloquy. The law attributes to them that result. But where the libel is a picture, which does not appear in the record, to make it libelous there must be a proper allegation at to its character.

The judgment of the appellate division and of the special term should be reversed, and questions certified answered in the negative, without costs, and with leave to the plaintiff to serve an amended complaint within 20 days, also without costs.

2. Gray, J. (dissenting). The question arises on the defendants' demurrer to the sufficiency of the complaint to state a cause of action. The complaint alleges that, without the knowledge of the plaintiff, the defendants, "knowing that they had no right or authority so to do, had, obtained, made, printed, sold, and circulated about 25,000 lithographic prints, photographs, or likenesses of plaintiff, for the purpose of profit and gain to themselves"; that upon the paper upon which the likeness was printed are the words above the portrait. in large, plain letters, "Flour of the Family," and below, in large capital letters, "Franklin Mills Flour," and in the lower right-hand corner, in small capital letters, are the words "Rochester Folding Box Company"; that upon the same paper are the advertisements of the flour of the Franklin Mills Company; that these 25,000 likenesses of the plaintiff, thus ornamented, have been "conspicuously posted and displayed in stores, warehouses, and saloons throughout the United States and other countries, and particularly in the vicinity where the plaintiff resides"; that the result has been to greatly humiliate her, by the scoffs and jeers of persons who have recognized her face upon these advertisements, and her good name has been attacked, and that because of the facts "she was made sick, and suffered a severe nervous shock, was confined, to her bed, and was compelled to employ a physician." The plaintiff further alleges that the defendants "are now wrongfully printing, making, using, selling, and circulating these lithographs," and that by reason of these facts she has suffered damages in the sum of $ 15,000. The relief demanded is that the defendants be enjoined from making, printing, publishing, obtaining, or using in any manner any likeness of the plaintiff in any form whatever. The facts contained within these allegations must be regarded as admitted, under the defendant's demurrer; as must all other facts which can be implied by reasonable and fair intendment. Marie v. Garrison. 83 N. Y. 14. These defendants stand before the court, admitting that they have made, published, and circulated, without the knowledge or the authority of the plaintiff, 25000 lithographic portraits of her, for the purpose of profit and gain to themselves; that these portraits have been conspicuously posted in stores, warehouses, and saloons in the vicinity of the plaintiff's residence, and throughout the United States, as advertisements of their goods; that the effect has been to humiliate her, and to render her ill; and vet claiming that she makes out no cause of

action. They say that no law on the statute books gives her a right of action, and that her right to privacy is not an actionable right at law or in equity.

Our consideration of the question thus presented has not been foreclosed by the decision in Schuyler v. Curtis, 147 N. Y. 434, 42 N. E. 22, 31 L. R. A. 286, 49 Am. St. Rep. 671. In that case it appeared that the defendants were intending to make, and to exhibit at the Columbian Exposition of 1893, a statue of Mrs. Schuyler, formerly Miss Mary M. Hamilton, and conspicuous in her lifetime for her philanthropic work, to typify "Woman as the Philanthropist," and, as a companion piece, a statue of Miss Susan B. Anthony, to typify the „Representative Reformer." The plaintiff, in behalf of himself, as the nephew of Mrs. Schuyler, and of other immediate relatives, sought by the action to restrain them from carrying out their intentions as to the statute of Mrs. Schuyler, upon the grounds, in substance, that they were proceeding without his consent (whose relationship was conceded to be such as to warrant such an action, if it were maintainable at all) or that of the other immediate members of the family; that their proceeding was disagreeable to him, because it would have been disagreeable and obnoxious to his aunt, if living, and that it was annoying to have Mrs. Schuyler's memory associated with principles which Miss Susan B. Anthony typified, and of which Mrs. Schuyler did not approve. His right to maintain the action was denied, and the denial was expressly placed upon the ground that he, as a relative, did not represent any right of privacy which Mrs. Schuyler possessed in her lifetime, and that, whatever her right had been in that respect, it died with her. The existence of the individual's right to be protected against the invasion of his privacy, if not actually affirmed in the opinion, was, very certainly, far from being denied. "It may be admitted," Judge Peckham observed, when delivering the opinion of the court, "that courts have power, in some cases, to enjoin the doing of an act, where the nature or character of the act itself is well calculated to wound the sensibilities of an individual, and where the doing of the act is wholly unjustifiable, and is, in legal contemplation, a wrong, even though the existence of no 'property' as that term is usually used, is involved in the subject." That the individual has a right to privacy, which he can enforce, and which equity wlll protect against the invasion of, is a proposition which is not opposed by any decision in this court, and which, in my opinion, is within the field of accepted legal principles. It is within the very case supposed by Judge Peckham in Schuyler v. Curtis. In the present case, we may not say that the plaintiff's complaint is fanciful, or that her alleged injury is purely a sentimental one. Her objection to the defendants' acts is not one born of caprice; nor is it based upon the defendants' act being merely "distasteful" to her. We are bound to assume, and I find no difficulty in doing so, that the conspicuous display of her likeness in various public places has so humiliated her by the notoriety and by the public comments it has provoked as to cause her distress and suffering in body and mind, and to confine her to her bed with illness.

If it were necessary, to be entitled to equitable relief, that the plaintiff's sufferings by reason of the defendants' acts should be serious, and appreciable by a pecuniary standard, clearly, we might well say, under the allegations of the complaint, that they were of such degree of gravity. However, I am not of the opinion that the gravity of the injury need be such as to be capable of being estimated by such a standard. If the right of privacy exists, and this complaint makes out a case of its substantial violation, I think that the award of equitable relief by way of an injunction preventing the continuance of its invasion by the defendants will not depend upon the complainant's ability to prove substantial pecuniary damages, and, if the court finds the defendants' act to be without justification, and for selfish gain and purposes, and to be of such a character as is reasonably calculated to wound the feelings and to subject the plaintiff to the ridicule or to the contempt of others, that her right to the preventive relief of equity will follow, without considering how far her sufferings may be measurable by a pecuniary standard. The right of privacy, or the right of the individual to be let alone, is a personal right, which is not without judicial recognition. It is the complement of the right to the immunity of one's person. The individual has always been entitled to be protected in the exclusive use and enjoyment of that which is his own. The common law regarded his person and property as inviolate, and he has the absolute right to be let alone, Cooley, Torts, p. 29. The principle is fundamental and essential in organized society that every one, in exercising a personal right and in the use of his property shall respect the rights and properties of others. He must so conduct himself, in the enjoyment of the rights and privileges which belong to him as a member of society, as that he shall prejudice no one in the possession and enjoyment of those which are exclusively his. When, as here, there is an alleged invasion of some personal right or privilege, the absence of exact precedent and the fact that early commentators upon the common law have no discussion upon the subject are of no material importance in awarding equitable relief. That the exercise of the preventive power of a court of equity is demanded in a novel case is not a fatal objection. Niagara Falls International Bridge Co. v. Great Western Ry. Co., 39 Barb. 212; Shermann v. Skuse, 166 N. Y. 352, 59 N. E. 990; Hamilton v. Whitridge, 11 Md. 145, 69 Am. Dec. 184. In the social evolution, with the march of the arts and sciences and in the resultant effects upon organized society, it is quite intelligible that new conditions must arise in personal relations, which the rules of the common law, cast in the rigid mold of an earlier social statuts, were not designed to meet. It would be a reproach to equitable jurisprudence if equity were powerless to extend the application of the principles of common law or of natural justice in remedying a wrong, which, in the progress of civilization, has been made possible as the result of new social or commercial conditions.[1]) Sir Henry Maine, in his work on Ancient Law, has observed of equity that it is an agency "by which law is brought into harmony with society," and that it is one of the factors which operate in judicial evolution. It succeeds legal fictions, or those judicial assumptions through which a rule of law is modified in its operation, and it precedes legislation. See Maine's Ancient Law, pp. 22—28. Equity has neither fixed boundaries nor logical subdivisions, and its origin, both in Rome and in England, was that there was a wrong for which there was no remedy at law. See 1 Story. Eq. Jur. §§ 49, 50. It supplements the deficiencies of the common law by applying, where otherwise there would result a wrong, those principles of natural justice which are analogous to settled principles of the common law. See 1 Story, Eq. Jur. § 671, note. Lord Chancellor Cottenham observed in Wallworth v. Holt, 4 Mylne & C. 619: "I think it is the duty of this court [meaning equity] to adapt its practice and course of proceeding to the existing state of society, and not, by a strict adherence to terms and rules, under different circumstances, to decline to administer justice and enforce rights for which there is no other remedy. . . . . If it were necessary to go much further than it is in opposition to some sanctioned opinions in order to open the doors of this court to those who could not obtain it elsewhere, I should not shrink from the responsibility of doing so." As I have suggested, that the exercise of this peculiar preventive power of a court of equity is not found in some precisely analogous case, furnishes no valid objection at all to the assumption of jurisdiction if the particular circumstances of the case show the performance, or the threatened performance, of an act by a defendant, which is wrongful, because constituting an invasion in some novel form, of a right to something which is, or should be conceded to be, the plaintiff's, and as to which the law provides no adequate remedy. It would be a justifiable exercise of power whether the principle of interference be rested upon analogy to some established common-law principle, or whether it is one of natural justice. In an article in the Harvard Law Review of December 15, 1890, which contains an impressive argument upon the subject of the "right of privacy," it was well said by the authors: "That the individual shall have full protection in person and in property is a principle as old as the common law; but it has been found necessary from time to time to define anew the exact nature and extent of such protection. . . . . The right to life has come to mean the right to enjoy life, — the right to be let alone; the right to liberty secures the exercise of extensive civil privileges; and the term 'property' has grown to comprise every form of possession, intangible as well as tangible." Instantaneous photography is a modern invention, and affords the means of securing a portraiture of an individual's face and form in invitum their owner. While, so

[1]) Ein grossartiger Ausspruch.

far forth as it merely does that, although a species of aggression, I concede it to be an irremediable and irrepressible feature of the social evolution. But if it is to be permitted that the portraiture may be put to commercial or other uses for gain by the publication of prints therefrom, then an act of invasion of the individual's privacy results, possibly more formidable and more painful in its consequences than an actual bodily assault might be. Security of person is as necessary as the security of property; and for that complete personal security which will result in the peaceful and wholesome enjoyment of one's privileges as a member of society here should be afforded protection, not only against the scandalous portraiture and display of one's features and person, but against the display and use thereof for another's commercial purposes or gain. The proposition is, to me, an inconceivable one that these defendants may, unauthorizedly, use the likeness of this young woman upon their advertisement as a method of attracting widespread public attention to their wares, and that she must submit to the mortifying notoriety, without right to invoke the exercise of the preventive power of a court of equity.

Such a view, as it seems to me, must have been unduly influenced by a failure to find precedents in analogous cases, or some declaration by the great commentators upon the law of a common-law principle which would precisely apply to and govern the action, without taking into consideration that in the existing state of society new conditions affecting the relations of persons demand the broader extension of those legal principles which underlie the immunity of one's person from attack. I think that such a view is unduly restricted, too, by a search for some property which has been invaded by the defendants' acts. Property is not, necessarily, the thing itself which is owned; it is the right of the owner in relation to it. The right to be protected in one's possession of a thing or in one's privileges, belonging to him as an individual, or secured to him as a member of the commonwealth, is property, and as such entitled to the protection of the law. The protective power of equity is not exercised upon the tangible thing, but upon the right to enjoy it; and so it is called forth for the protection of the right to that which is one's exclusive possession as a property right. It seems to me that the principle which is applicable is analogous to that upon which courts of equity have interfered to protect the right of privacy in cases of private writings, or of other unpublished products of the mind. The writer or the lecturer has been protected in his right to a literary property in a letter or a lecture, against its unauthorized publication, because it is property, to which the right of privacy attaches. Woolsey v. Judd, 4 Duer, 399; Gee v. Pritchard, 2 Swanst. 402; Abernethy v. Hutchinson, 3 Law J. Ch. 209; Folsom v. Marsh, 2 Story, 100, Eed. Cas. No. 4,901. I think that this plaintiff has the same property in the right to be protected against the use of her face for defendant's commercial purposes as she would have if they were publishing her literary compositions. The right would be conceded if she had sat for her photograph; but if her face or her portraiture has a value, the value is hers exclusively, until the use be granted away to the public. Any other principle of decision. in my opinion, is as repugnant to equity as it is shocking to reason. Judge Colt, of the United States court, in Corliss v. E. W. Walker Co (C. C.) 64 Fed. 280—285, 31 L. R. A. 283,—a case involving the same question of an invasion of the right of privacy, with respect to the publication of a printed likeness of Mr. Corliss,—expressed the opinion that: "Independently of the question of contract, I believe the law to be that a private individual has a right to be protected in the representation of his portrait in any form; that this is a property, as well as a personal, right; and that it belongs to the same class of rights which forbids the reproduction of a private manuscript or painting, or the publication of private letters, or of oral lectures delivered by a teacher to his class, or the revelation of the contents of a merchant's books by a clerk." The case itself is not in point in its facts, because the complainant was the widow of Mr. Corliss, and thus it came within the limitations of Schuyler v. Curtis.

The right to grant the injunction does not depend upon the existence of property which one has in some contractual form. It depends upon the existence of property in any right which belongs to a person. In Pollard v. Photograph Co., 40 Ch. Div. 345, it was held that the right to grant an injunction against selling copies of plaintiff's photographs did not depend upon the existence of property, and that "it is quite clear that, independently, of any question as to the right at law, the court of chancery always had an original and independent jurisdiction to prevent what that court considered and treated as a wrong, whether arising from a violation of an unquestionable right or from breach of confidence or contract, as was pointed out by Lord Cottenham in Prince Albert v. Strange, 1 Macn. & G. 25." In Prince Albert v. Strange, Lord Chancellor Cottenham sustained the issuance of an injunction upon the ground that the right of privacy had been invaded by the publication and sale of etchings made by Prince Albert and Queen Victoria. Upon the original hearing Vice Chancellor Knight-Bruce, in granting the injunction, observed that, "Upon the principle of protecting property, it is that the common law, in cases not aided or prejudiced by statute, shelters the privacy and seclusion of thoughts and sentiments committed to writing, and desired by the author to remain not generally known." It would be, in my opinion, an extraordinary view, which, while conceding the right of a person to be protected against the unauthorized circulation of an unpublished lecture, letter, drawing, or other ideal property, yet would deny the same protection to a person whose portrait was unauthorizedly obtained and made use of for commercial purposes. The injury to the plaintiff is irreparable, because she cannot be wholly compensated in damages for the various consequences entailed by defendants' acts. The only complete relief is an injunction restraining their continuance. Whether, as incidental to that equitable relief, she should be able to recover only nominal damages, is not material, for the issuance of the injunction does not, in such a case, depend upon the amount of the damages in dollars and cents.

A careful consideration of the question presented upon this appeal leads me to the conclusion that the judgment appealed from should be affirmed.

O'Brien, Cullen, and Werner. JJ., concur with Parker, C. J. Bartlett and Haight, JJ., concur with Gray, J.

Judgment reversed, etc.

VII.

Soweit das amerikanische Urteil. Man staunt, nach den tüchtigen Ausführungen der Minderheit, dass diese der richtigen Ansicht nicht zum Siege verholfen haben.

Eine Kritik der Entscheidung gab ich im Tag v. 5. Sept. 1902 unter dem Titel: Das Recht am eigenen Bild in amerikanischer Beleuchtung. Ich entnehme dieser Kritik folgendes:

Der Fall war . . . . völlig dazu geeignet, die Grundlage für eine Verbots- oder Entschädigungsklage zu bilden. Denn ist es auch gestattet, eine Person in ihrem Bildnis an die Öffentlichkeit zu bringen, sofern das Publikum ein Interesse an der Kenntnisnahme hat, so stellt eine solche gänzlich unmotivierte Veröffentlichung einen Einbruch in das Recht der Persönlichkeit dar, vor allem, wenn diese Veröffentlichung in einer wenig würdigen Weise, also nicht etwa in Verbindung mit einem Gedicht oder einem musikalischen Werke oder etwa noch mit einem Wohlgeruch, sondern in Verbindung mit dem allermateriellsten und prosaischsten Nahrungsmittel erscheint. Man denke sich eine etwas beleibte und gegen ihren Willen wohlgenährte Dame als Sinnbild und Reklamemittel für ein Getreide- oder Mehlgeschäft oder für irgend einen Nahrungsmittelextrakt! . . . .

Die Vorinstanzen waren daher von einem ganz richtigen Gefühl geleitet, wenn sie der Klage stattgaben, obgleich es ja zutreffend ist, wenn unser Urteil (oder vielmehr eine von ihm erwähnte frühere Entscheidung) hervorhebt, dass die Rechtsordnung nicht jede Empfindlichkeit berücksichtigen kann und dass die Temperamente und Gefühle oft so mannigfaltig und wechselnd sind, dass es viel zu weit führen würde, wollte man für jede etwas schärfere Anfassung der Person und für jede rauhere Behandlung den Rechtsschutz gewähren. Sentimentalität hat keine Stelle im Recht. Die subtilen seelischen Empfindungen verdienen zwar die Schonung im gesellschaftlichen Verkehr, und es ist ein Gebot der guten Sitte, ihnen nicht zu nahe zu treten; allein die Rechtsordnung kann nur den Menschen im allgemeinen, ich möchte sagen den Mittelschlag in Betracht ziehen, und nur dann wäre eine Ausnahme zu machen, wenn jemand absichtlich und ohne jeden denkbaren rechtfertigenden Grund dahin zielte, gerade eine gewisse Gemütssphäre einer bestimmten Person systematisch zu quälen und zu martern; für diesen Fall kämen die bekannten §§. 826, 226 des deutschen Bürgerlichen Gesetzbuchs in Betracht.

So also die unteren Instanzen. Ansätze zu einer solchen richtigen Entscheidung, wie sie die unteren Gerichte gegeben hatten, boten auch die früheren amerikanischen Urteile mehrfach. So wurde in einem Falle Schuyler gegen Curtis die Frage behandelt, ob man verbieten könne, dass einem eine Statue errichtet wird, und ob auch die Hinterbliebenen ein solches Verbotsrecht hätten, wenn für den Verstorbenen die Errichtung eines Standbildes beabsichtigt werde. Noch interessanter war eine Entscheidung eines der Bundesgerichte in Sachen Corliss gegen Walker Co., in welcher das Gericht in einer nahezu korrekten Weise den Grundsatz ausspricht, man müsse unterscheiden, ob es sich um das Bild einer privaten, d. h. nicht öffentlich hervortretenden Person oder um eine dem öffentlichen Leben angehörige Persönlichkeit handelt.

Allerdings gab es auch geradezu entgegengesetzte gerichtliche Aussprüche. So wurde von einem andern Bundesgericht in dem Falle Atkinsons, als ein Zigarrenhändler dessen Namen und Bild auf seinen Zigarrenkisten anbrachte, ein Verbot verweigert, und der höchste Gerichtshof bestätigte die Verweigerung. Indessen muss berücksichtigt werden, dass es sich hier um eine sehr bekannte Persönlichkeit handelte, in welchem Fall die Aufnahme des Bildnisses nicht zu beanstanden ist, falls es sich um eine nicht unwürdige Etikette und eine der Stellung der Person nicht widersprechende Ware handelt.

Das Appellationsgericht New-York aber war in seiner abweichenden Entscheidung hauptsächlich von zwei Gedanken geleitet. Der erste Gedanke ist der, und ihn hat das Gericht ausdrücklich ausgesprochen, dass es ein Recht auf den Schutz des Innenlebens überhaupt nicht gebe.

Bei dieser Gelegenheit zeigt es sich nun, wie sehr eine unrichtige Fassung der Regel bedenklich und schädlich sein kann. Ein amerikanischer Schriftsteller hatte im Jahre 1890, vielleicht in Anlehnung an die deutschrechtlichen Ausführungen — ich kann dies hier nicht näher konstatieren —, von dem Recht der Person gesprochen, geheim bleiben zu dürfen, geheim und unvermerkt durch die Welt zu gehen und darum zu verbieten, dass man überhaupt über sie schreibt und spricht. So wenigstens lautet das Referat in der Entscheidung.

Ein derartiges Recht natürlich ist undenkbar und existiert nicht. Niemand kann sich heutzutage durch Pallas Athene in einen Nebel hüllen lassen, der ihn der Welt verbirgt; und auch das ist hervorzuheben, dass es nicht immer im Belieben einer Person steht, ob sie privat bleibt oder an die Öffentlichkeit tritt. Es kann jeder dadurch, dass er das Leben eines andern rettet oder dem Vaterlande einen Dienst erweist oder Gegenstand eines Attentates wird, zur bekannten und berühmten Persönlichkeit werden. Auch kann die Befugnis der Person, zu verlangen, dass ihr Internum nicht an die Öffentlichkeit gezogen wird, naturgemäss nie dahin führen, dass über die Person nicht gesprochen und geschrieben werden darf, aber das ist das Recht einer jeden Persönlichkeit, dass die qualifizierte Veröffentlichung durch die Presse oder durch Verbreitung und Ausstellung von Bildern nur zu loyalen öffentlichen Zwecken geschehen darf, nicht aber zu Zwecken des Skandals, der ungezügelten Neugier und des wüsten Klatsches.

Der Gerichtshof aber ging von jenem fehlerhaften Begriff des Geheimnisrechts aus, und da war es natürlich leicht, auf die Gefahren hinzuweisen, die ein solches Prinzip des Geheimnisses der Freiheit des auf Mitteilungen angelegten Verkehrs brächte: wie wenn schliesslich noch das mündliche Gespräch auf solche Weise unterbunden würde und kein Ende der Kontrolle und Anklagen abzusehen wäre! Und eben weil ein solches Prinzip nicht aufgestellt werden könne, so dürfe das Gericht auch im einzelnen Falle dem Gefühl der Billigkeit nicht nachgeben; es müsse eine prinzipielle Entscheidung geben, und dies um so mehr bei dem ungeheuren präjudiziellen Charakter eines solchen Erkenntnisses. Denn in England und Amerika pflegt sich bekanntlich die Rechtsprechung viel mehr nach den sogenannten Präjudizien zu richten, als in Deutschland; ja es gilt die Unterwerfung unter solche Entscheidungen geradezu als Pflicht, so lange sie nicht durch eine neue Entscheidung umgestossen (overruled) sind, ein derartiges Urtel gilt nicht nur als Rechtsäusserung, sondern in gewissem Sinne als Rechtsschöpfung.

Daraus ergibt sich aber auch noch der unausgesprochene Grund, der den Amerikaner zu einer solchen Entscheidung drängen musste. Die amerikanische Politik verlangt die Möglichkeit der unerbittlichen Verfolgung des Gegners im Wahlkampfe. Wer mittelbar oder unmittelbar in die Wahlkampagne eintritt, muss sich gefallen lassen, dass nicht nur ihm Herz und Nieren blossgelegt, sondern auch seine ganze Familie in das volle Licht der Öffentlichkeit gerückt wird. Wer hier tätig sein will, darf sich nichts daraus machen, Spiessruten laufen zu müssen; hier ist nicht nur jede Empfindlichkeit, sondern auch jede Schonung der Persönlichkeit unangebracht. Man denke sich etwa eine amerikanische Wahlrede oder eine Wahlflugschrift, und dagegen die richterliche Befugnis, zu verbieten, dass Geheimnisse des Innenlebens des Kandidaten an die Öffentlichkeit gezogen werden! Mag man ja immerhin noch ertragen, dass der Verletzte ein Recht hat, wegen libel (Schmähung) Entschädigung zu verlangen. Aber nun gar die Möglichkeit, dass ein Gericht die Verbreitung des Stenogramms einer solchen Rede verböte! Das sind die Gespenster, die offenbar dem amerikanischen Richter vorschwebten. Solche Ideen pflegen unwillkürlich die richterlichen Entscheidungen zu beeinflussen.

Die Entscheidung aber ist und bleibt unrichtig; sie verstösst gegen das, was das Grundprinzip der Jurisprudenz wie jeder Wissenschaft ist, gegen das Erfordernis des richtigen Unterscheidens, sie wirft Dinge zusammen, die nicht zusammengehören: das Persönlichkeitsrecht ist nicht ein Recht auf Geheimniskrämerei.

VIII.

Californisches Gesetz v. 1899.[1])

"It shall be unlawful to publish in any newspaper, handbill, poster, book, or serial publication, or supplement thereto, the portrait of any living person, a resident of California, other than that of a person holding a public office in this State, without the written consent of such person first had and obtained; provided, that it shall be lawful to publish the portrait of a person convicted of a crime. It shall likewise be unlawful to publish in any newspaper, handbill, poster, book or serial publication or supplement thereto, any caricature of any person residing in this State, which caricature will in any manner reflect upon the honor, integrity, manhood, virtue, reputation or business or political motives of the person so caricatured, or which tends so expose the person so caricatured to public hatred, ridicule or contempt.

"A violation of this section shall be a misdemeanor, and shall be punished by a fine of not less than one hundred dollars, nor more than five hundred dollars, or by imprisonment in the county jail for not less than one month nor more than six months, or by both such fine and imprisonment.

"All persons concerned in said publication, either as owner or manager, editor or publisher, or engraver, are each liable for said publication. Actions for the violation of this section shall be tried in the county where such newspaper, handbill, poster, book or serial publication, or supplement is printed or has its publication office, or in the county where the person whose portrait or caricature is published resides at the time of the alleged publication."

---

[1]) Aus dem Aufsatz v. Adams in der North American Review Vol. 175, No 550 (Septb. 1902) p. 368 f.

Druck von A. W. Hayn's Erben, Berlin und Potsdam.

FSC
www.fsc.org
MIX
Papier | Fördert gute Waldnutzung
FSC® C083411

Kolibri 360 GmbH
Ferdinand-Jühlke-Straße 7
99095 Erfurt, Deutschland
produktsicherheit@kolibri360.de